物品的語言

心理治療師的手記

安靜 著

序

這是一本心理治療師的手記

記得在香港大學讀輔導學碩士時，一位十分尊敬的老師曾說過一件往事。她提到在英國時，曾處理過一個自戀型人格障礙（Narcissistic Personality Disorder）的個案，這男子總是穿著一件整齊的T恤，頭髮梳得一絲不苟，長相不俗，而且散發出一種迷人的charm。然而，這位男子卻是一個縱火狂。因為自戀，所以自以為是地覺得縱火也不會被發現，甚至那是對法制的一種挑釁。那時候我對於老師口中的這位個案案主的裝扮，特別有感覺。我們去形容一個人的時候，總不免會附加對一個人的外表衣著、所使用的物品等作描述，以使能對此人有更清晰與深刻的了解。

自此之後，我總是特別留意個案案主的衣著裝扮，發現不同的個性及職業，的確有著不同的穿戴模式。漸漸我也留意到他們身上的物品，發現每個人用的物品，總會散發著一種跟案主內心很相似的味道。到我去日本學習整理術、成立斷捨離義工服務小組、提供義務的上門整理服務，那時真的大開眼界，發現原來一個人的家，家中的物品，竟然與當事人的心理狀況有著如此緊密的關聯。

但由於相關的研究極少，大多只是針對囤積癖或強迫症患者的家居，坊間的整理收納師，往往又只是吹捧斷捨離和整理術有多好，對於擁有物品跟心理或心靈的關係，沒有很深刻的表述。於是我將自己的所見所聞及心理治療的心得，好好整理成這一本書。

不是為了治療前來的個案

我早年做網台節目時，也許因為曝光率比較高，因此有一些客人不是純然前來求助的。其中有一位，他似乎是想來展示他的charm，更多於來求助。他很聰明，對於前來的真正目的隻字不提，每次到來均說著自己的成長故事，一切看似正常。然而一般前來的求助者，除了頭幾次會比較在意自己的外表，穿得會比較好之外，慢慢就會因為熟絡了，而且「又不是要見甚麼特別的人」，會面又是在私密的場所，除非來之前或之後有特別活動，又或上下班，否則往往會穿得比較隨便。而關係要好的客人，就更會展露最真實的一面，連衣著裝扮也是。

但那一位男士則很特別，他每次來都會精心打扮，說話經過包裝。例如人們說到自己的工作時，一般的客人會說出自己的內心世界，即使某些地方很成功，但仍然坦白地表示覺得自己很差或不安之類；而這位男士則像在社交場合交際應酬般，盡說著自己的風光史。他以一副「壓倒性的姿態」，坐在治療室的長椅上，彷彿是高高在上的。他漫不經心地說自己煮得一手好菜，很巧妙地暗示想邀請我到他家共晉晚餐，但卻在字眼上絲毫沒有表明。離開時，還想有一個「禮貌式」的擁抱。當然，我也禮貌地表示自身的專業不適合跟客人擁抱。

他落力地去展現自己迷人的一面，極力掩飾內心的企圖，我察覺到他總是拿著一個跟他不相襯的高級真皮手提包，看去整潔的衣服上有不少的皺摺，有明顯的駝背，臉上浮腫，顯然常喝酒晚睡，雙目無神卻不時浮現一點狡黠，呈現出內心的空洞及別有所圖。當他展露那自以為迷人的笑容時，肩膊的肌肉卻特別顯得生硬。顯然他「能成功吸引女性」的經歷並不多，因為charm，是一種由心而散發出來的自信與魅力，每一個表情動作都恰恰在最吸引人的時候轉換與呈現。但他並沒有多大的自信，故此那呈現出來的「魅力」就像一杯放久了已經酸臭的牛奶。

我問他過往的情史，在輔導室中很難完全不談這些歷史。他說自己曾愛上一名很迷人但背景、學歷、收入、地位都比他高出很多的女子。他使用著的那個跟他散發出來的氣場格格不入的高級真皮手提包，就是某次走過名店，那女士站在櫥窗前，不停地說很漂亮，並叫他「買來見人」的。他曾經有一段日子幻想自己與這「女神」般的女子共墮愛河，提及女子對他展現過的曖昧行為時，他也對於自己曾否得到過她的芳心感到迷惑。在他開始主動採取攻勢時，女子卻刻意和他疏遠。這種內心的不甘和嫉妒的情緒時常出現，於是乎他開始在交友 app 上找對象。雖沒有刻意說出真正的意圖，但明顯他每位「相中」的女子，所羅列的背景都頗為優秀。簡單來說，比他優秀。

通常每位前來的客人，對於成長及改變都有很大的包容度，因為他們平時最缺乏的往往不只是支持，而是有沒有人跟他們說真心話，又或是成長期中欠缺長輩教育他們如何面對逆境及內在的情緒。每個人都有缺點，每個人都有值得改善和進步之處，每個人都渴望成為一個被他人認同和接納，以及更優秀的人。每一個人，都渴望擁有更快樂和幸福的人生。

因此每當談及對方在人生中值得改善的地方時，一般的客人往往都是衷心地聆聽，並加以自省。然而，那些不是真正為了成長而前來的客人，對這些說話，就會顯得異常抗拒。

因為內心拒絕，他無法進入催眠狀態，做了夢也沒有刻意記住，也不欲談及身體的疾病，因為有病的男人「顯得不夠charm」。就在我束手無策的時候，我邀請他下次前來帶一件物品，而這件物品對他生命來說，要有一種輝煌又美好的回憶，因為這樣能夠呈現他自信的一面。在下一次會面時，他開開心心地帶來了一塊玉佩，這玉佩是小時候，父親痛打他一頓後，婆婆為了讓他「鎮住不好的東西」，以及可以用心考試，而掛在他身上的，那天婆婆還帶他去士多買玩具。結果他考試考得很好，這玉佩彷彿也能替他擋煞。每當生命遇上不好的事情，他就會掛在身上。說了好幾件輝煌的往事之後，漸漸他說到自己的家庭，媽媽出生在富裕家庭，父親只是個普通的打工仔，父親從小被母親看不起，常被罵沒用；而他自己也被打得很兇，因為他讀書怎樣都及不上精英的標準。後來，母親扔下了他們兩父子，改嫁了。

「這玉佩，與其說是婆婆送給你的，不如說是你想念媽媽的一樣物品吧。」我說。有些人，不會表達，甚至不懂得心裡的愛，他無法說服自己去原諒拋下自己和父親的母親，因此用一樣和母親有密切關聯的物品，用作儲存他內心柔軟的部分。

「這玉佩，婆婆說我媽也戴過的。」他輕聲說。「算是一件，傳家之寶吧。」

「你有發現嗎？」我說：「你在重複著你父親的命運。」

他愕然地望向我。

「別再去挑戰那些不適合你的女生了。不甘心的愛，只會迎來痛苦，因為女生要的，是踏實的真心啊。而你想要的，是幸福吧。」我說。

那天之後，他再也沒有來了。過了好久之後，有次我收到他的短訊，他說他做了一個夢。夢裡他在收拾東西，把家裡的物品都整理了一遍，洗乾淨了廁所和廚房，婆婆、爸爸、媽媽來訪，說這裡很小但很舒服啊。夢中的父母依舊已經離婚了，媽媽也不像以前的媽媽，沒有以前那種高高在上的感覺，只是一個普通的媽媽。在夢裡，婆婆說母親還為他帶來了入伙禮物，是母親親手煲的一碗湯。

醒來後，他下定決心把家裡都收拾一遍，還去街市買了材料，煲了一煲湯，叫了母親上來喝。

我總是想寫一些關於物品的東西。做心理治療時，個案案主身上所有的東西，無論是表情、語氣、說話內容、身體不適、心理不適、成長背景、家庭背景、家族背景、潛意識的訊息，通通都是有用的資訊，連身上穿的衣服、髮型、戴的首飾、使用的物品，通通都是透視對方內心的真實情報。

記得之前跟不同國籍的朋友吃飯，其中一位是記者。他說心理治療這行，收幾千元一兩個小時，聽的是真話；而記者收幾十塊錢的最低工資，往往聽見的卻是假話。這句話似乎是酸話，但實際上我聽見的，是內心一聲聲的歎息。世上，每一個人都有自身的故事。我也深信，在不同場合無法說真話的人，也必定有內心柔軟的部分。就像上述的個案一樣。

我總是聽見很多做心理輔導、心理治療的朋友們，說了解一個人好難。於是乎我藉多年來在個案案主及學生身上，以及對物品方面的觀察，加上整理收納方面的知識，寫成這一本心得。這並不是一本天書，也請別像《周公解夢》一樣，單以某件物品的狀態去判斷一個人。要了解一個人，不是以武斷且自以為是的想法，而是搜集大量資訊後，聆聽出心聲的一種能力。而我，還在不斷學習及精進這一種能力。

我總是常提醒學生們，在成長的過程中，千萬別因為嚐到了一點甜頭，被別人讚美得腦袋發熱後，便自以為是地判斷別人。

我渴望這一本書，是一本分享工作見聞的手記，和同行的朋友、和喜歡整理收納的朋友，交換心得。就像小時候，大家會交換日記來看一樣。從別人的日記中，別人的故事中，懵懂地窺見另一個世界，開闊眼界。書中也許還有很多不足的地方。將每一種物品的模式拆開來表述，就像是將一個人的手腳和器官分開描述，會讓人有較清晰的、對個別部分的理解，然而同樣也有一個嚴重的缺陷，就是很難看見一個人的整體狀態和原貌。但正如西醫有西醫的精細度，中醫有中醫的整全度，沒有哪一個最好，只是在不同的角度。

萬物皆有靈。當你渴望看見一個人真正的內心和靈魂，便會發現他整個世界，都佈滿了他靈魂的碎片。借《牧羊少年奇幻之旅》的一句話：

「當你真心渴望某樣東西時，整個宇宙都會聯合起來幫助你完成。」
渴望別人療癒，渴望別人幸福，也是一樣。

安靜
二〇二二年六月

備註：為保護個案私隱，書中案例的角色和內容都經過修改及調整。

目次

088 第三章：物品的語言

144

第四章：物品的價值

第一章 物品和心理的關係

物品是潛意識的投射

心理學大師榮格有一句著名的話：「潛意識如果沒有進入意識，就會引導你的人生而成為你的命運。」（Until you make the unconscious conscious, it will direct your life and you will call it fate.）

那些在潛意識中沒有被覺知到的東西，由於「自動操作」的關係，它會導引你到一個以為無法理解或控制的方向（其實不然），因為無知，因為不知不覺，因為無法覺察，所以人們便以為這就是他們的命運。

很多埋藏在潛意識深處的創傷、感情、心結、經驗，讓我們的人生走上不同的道路。正如一輛自動導航的車，按著車主的習慣而行駛，平時都是由家駛到公司，但某天即使車主想要到海邊走走，若沒有覺察到車子安裝了「工作比放假更重要」的指令，那麼即使想休息，車子還是載了主人到公司去。

這是不是和很多在假期時仍然工作中的你們很相似呢？

我們活著的世界，無一不是潛意識的顯化，無一不和潛意識有關。正如近十多年來令人趨之若鶩的吸引力法則，其實也只是潛意識的另一種解讀方式。

當中我常常被個案案主及學生們問到的一句話：「我明明不想不幸，我明明很想幸福，怎麼你們卻說不幸是我自己吸引回來的？」當我們明白榮格上面的說話時，這句話就不難理解了。

物品，是人們活著的必需品。即使多麼貧困的人，也定必擁有屬於自己的物品。香港居住地方狹小，但網購的花費卻極高，即使沒有足夠的空間，還是要填滿物品。可以看出人們心靈上的空虛，多麼的渴望被滿足，然而卻不自知。

但絕大部分的人都不懂得心理分析、催眠和解夢，那麼如何得知自己潛意識中藏著甚麼會影響自身命運，卻又難以覺察的東西？我會說，那就翻出你的物品吧。

整理術，在經過山下英子的斷捨離及近藤麻理惠的心動人生整理術洗禮後，時至今日，整理收納能夠改變一個人的內心狀態，甚至人生，都已經是公認的事實。同時，物品透視出一個人內心與人生的狀態，已不再是一件只有福爾摩斯才能參得透的事情。

整理收納的好處

整理收納、清潔等能有助人們改善情緒，而且十分減壓。

美國普林斯頓大學的研究員McMains and Kastner（2011）發現雜亂無章的生活環境會令一個人專注力大降，因為人們的視覺皮層

（Visual Cortex）被不同的物品所干擾，令人們想集中注意力去做一件事的難度大增，完成事件的效率也大大降低。此外，Saxbe（2020）在《性格與社會心理學公報》（*Personality and Social Psychology Bulletin*）曾刊登關於女性抑鬱狀況的研究，表示家中有混亂而且有許多未完成的事件的女性，比擁有舒適家居的女性，更易出現疲倦及抑鬱的徵狀，皮質醇也偏高。

重新獲得人生的掌控感

我遇過很多來求助的個案，但歸納起來，求助的原因只有一個——就是無助。他們不知道怎辦，人生有些東西無法掌控，自己的情緒無法掌控，愛人的反應無法掌控，健康無法掌控，將來也無法掌控。種種的失控與失調，令一個人不知所措。故此所有求助的人，內心都對於掌控重要的東西有一份強烈的失落感。

這時，其實可以想想，不如去做一下家務。

這可不是開玩笑的。

Saxbe（2020）上述的研究亦指出，做家務讓人增加對環境的掌控感，從而令一個人的自信心提高。當清潔時，其實是為生活的環境保持著一種控制權，有能力讓不好的、骯髒的、不想要的東西離開，有能力擁有喜歡的、乾淨的、整齊的東西及環境。

康涅狄格大學的 Lang & Shaver（2015）在其研究中也表示，人們在壓力大的時候，往往會走去做些重複的行為，而清潔打掃則是常見的一種，因為可以讓人有種能夠掌握與掌控的感覺。

同時，家居的混亂也呈現著內心的失序，清潔整理彷彿讓我們的心也在整理出一些秩序，是一種潛意識的自我調節機制，也許在整理物品時，也能為自己人生的失序整理出一些秩序來。

因此，重複的動作及活動，有著令人思想變得更平靜，甚至有鎮靜的效果及作用。

物品的減法，心靈的加法。

囤積症的國際級專家蘭迪·霍士博士（Dr. Randy O. Frost）曾表示，囤積症患者往往呈現專注力不足而且選擇困難的狀況，同時會因為覺得自己記憶力欠佳而自信低落，這些都非常常見。然而，蘭迪博士表示，其實囤積症患者的記憶力非常好，甚至比一般人還要聰明。因為他們需要記住數十萬件，甚至更多東西的存放位置及內容，只是因為數量太多所以無法好好記住而已。就像人計算的速度本來就無法和電腦相比，但因為希望能做到和電腦一樣快速和精準，故此會感到自信心低落。然而比起一般人，已經超出正常水平了。

每一件未做完的事、每一件未了的心事，都在我們心中留有一個位置，也佔據著一定的資源。

即使只是一本未看完的書、一個未回覆的訊息、一番未能說出口的話、一段未能釋懷的心事。通通，都是「未竟之事」。

整理，是讓該離開的離開。

人生像一條川流不息的河流，時間不會停止，只會不停流逝，但凡流過之處，必留痕跡。然而生命隨著時間而流逝時，人們的心智往往跟不上進度。因此，停留在過去的人和事，用情感來捉緊那些已然不復存在的東西。這些單向的情感，就是我們的執念。

很多朋友，明明知道深愛的人不愛自己、明明知道輝煌的日子已成過去、明明那些東西早已經不喜歡了，但仍然沒有好好處理。歲月，把眼睛蒙蔽掉了，積下了灰塵；那些被時間侵蝕的心情，卻隨著歲月的流逝而腐朽。

在心理治療中有一種療法稱為EMDR（Eye Movement Desensitization and Reprocessing），即快速眼動療法，透過眼睛橫向的右左移動，能有助個案的負面情緒大大紓緩。聽上去很吊詭和無稽，但有科學文獻及研究能充分證明其療效Wilson, Becker, & Tinker（1995, 1997）。究其原因，因為當一個人悲傷或痛苦時，他們無法控制地停留或被困在某些痛苦的情緒之中，然而當一個人一直向前方走時，人腦部的杏仁核會受到壓抑，情緒便無法停留，腦部同時分泌出多巴胺（一種令人產生愉悅及幸福感的物質），故此情緒就會大幅度好轉。

當一個人一直向前走時，眼睛就是橫向移動的。故此在治療室中，我們雖然無法和個案進行走路練習，但簡單地透過橫向的眼動練習，便能有助其紓緩負面情緒。

因此，若能「順應天命」，以及隨著人原始的本性、時間的流逝，讓該離開的物品離開，同時讓該離開自己生命的人、事、物離開，讓自己前行，就如順著風在海上航行，一路順風。

整理，是讓能量最大化。

「完美放棄的確很踏實」，陳奕迅《淘汰》的歌詞中，訴說著一個人放棄一段沒結果的戀情後，那感覺原來很踏實。相信不少經歷過失戀或失婚的朋友，又或在一段糾纏的關係中離開的朋友，都有這種感覺。

上文談過，人們的注意力其實很有限，當太多東西（即使不過是物品），也在分散我們潛意識的能量，故此家中囤積很多物品的人士，大多出現眼神散渙或精神無法集中、覺得疲累及許多的不滿足感。

其實我沒有接觸過一個囤積者，是對自己或生活感到滿意的。反之，痛苦的卻佔大多數。因此物品的數量，並無法令其感到滿足，相反，更像有一個無底的空洞，怎樣填也填不滿。

當然了，因為是內心的空洞，靠現實世界的物品又怎能把它填滿？

然而，當現實中的東西被整理好了，而當事人又在整理的過程中，覺知到內心真正的「黑洞」是甚麼的時候，無論是現實世界，還是心靈世界，都會走出那浮沙一般的沼澤。當然，另一個方法是去接受正式的心理治療。

即使沒有囤積癖的朋友，當大家把消耗自己的東西放下了，當心不再消耗，就能慢慢回復到最佳狀態。把拖垮、拖累、拖曳著自己的人、事、物都擺脫掉，向自己的未來踏出新的一步，新的、更好的東西才能進入自己的生命。

真正的主角不是物品，而是你。

從物品之上看到自己

很多人對整理都有一個誤解，以為整理就只是「執屋」而已，因此習慣有工人幫助的朋友們，總是會把整理的任務交託給別人。然而，整理，並不是執屋或收拾東西那麼簡單。執屋或收拾給人的感覺，就只是把垃圾丟掉，把東西擺放整齊、清潔好地方，僅此而已。那為甚麼專業的整理收納師，每小時的服務收費，可逾過千港元？就是因為專業整理師並不是傭人，而是一個幫助個案案主「透過物品看見自己、整理自己，從而改寫人生」的人。

我們總是有一種錯覺，覺得「物品」是「身外物」，與自己無關。

而事實上，每一件物品，能夠留下來或被使用，通通都必須通過一個重要的人——就是物品的主人。每一件我們擁有的物品，都蘊含著我們的選擇、喜好、思想、感情，以及隨著歲月而生的變化。而物品被珍惜、使用、存放、遺忘、忽略、囤積、捨棄等等的狀況，通通都呈現出一個人對於四周圍事物的習慣、思維及潛意識的反應，甚至乎創傷。

正如我們對待親人時，總是較易發脾氣，而對「外人」卻總是比對親人客氣。在外的謙謙君子，可能是家中的暴君；衣著光鮮的人，但可能是家徒四壁。家，是人們放下防範，真正做自己的地方。世上沒有一個人，能夠二十四小時戴著偽裝的面具。有些無法完全做自己，或在做自己時會受到人生威脅的人，往往會發展出另一個人格，用以應付這些生命的難關。這也是多重人格形成的原因之一。

而家中常用的物品，就像我們的親人。人總在細微不覺之處呈現出真正的自己，因此，物品甚至乎比親人更能呈現出一個人真正的內在世界。

因為人總是防範人，但不會防範沒有絲毫殺傷力、而且在其手中掌控的物品。

故此，整理不是執拾打掃。執拾打掃只是一種處理物品的方法，但整理收納，真正處理的主角，卻是你自己。

一沙一世界，一花一天堂。

我很喜歡英國詩人布萊克（William Blake）的這首詩《天真的預言》（***Auguries of Innocence***）：

To see a World in a Grain of Sand
And a Heaven in a Wild Flower,
Hold Infinity in the palm of your hand
And Eternity in an hour.

一粒沙裡有一個世界，

一朵花裡有一個天堂，
把無限握在掌心之中，
剎那，卻彰顯著永恆。

我們總是說思想不可觸摸、心態難以掌握、情感不易操控、選擇難以取捨。然而這些恍如無形的心理狀態，除了要透過專業人士的心理分析之外，其實無時無刻都在我們的物品之中呈現出來。

思考練習：

1｜有沒有試過有人把你的東西丟掉（往往是家人或吵架時的情人），你感到被侵犯、會憤怒而且覺得難以接受？

2. 有沒有試過在整理舊物時，陳封的回憶嫋嫋升起，然後便墮入了往事的回想，使到無法繼續進行整理？
3. 有沒有試過當生命轉了一個彎，走在新的人生路上，你使用的東西都變得不一樣了？

以上種種，都只有一個原因：因為物品，是我們的一部分。

物品是你的一部分：橡膠手錯覺

外國有一個很著名的實驗，稱為「橡膠手錯覺」（Rubber Hand Illusion），是由都靈和米蘭大學的研究團隊被刊登在 *eLife* 上的實驗，他們將一隻橡膠手安放於二十四名實驗人員面前，這手像真度極高，恍如真人的手。而受試者自己的手則被隔在一塊板後面，受試者是看不到的。假如只從正面去看，大家會有種錯覺，以為那隻橡膠手就是受試者真實的手。當然，受試者自己也會產生同樣的錯覺。

研究人員同時用刷子輕掃真手和假手，一次又一次的刺激後，由於受試者只能看到假手，會開始將兩隻手的感覺「聯繫」起來。漸漸地，即使研究人員沒有觸碰真手，而只觸碰假手，受試者也會感覺到真手被觸碰或刺激。

這種不合乎科學邏輯、也不合乎生物學、醫學邏輯的現象，就稱為「橡膠手錯覺」。

人類的大腦是視覺與觸覺同步進行的，當我們看見有東西碰到我們的手時，手便會產生感覺，這是很平常的。因此，「看見就感覺到」其實是大腦的自動化反應。

在橡膠手實驗中，真手被觸摸時，大腦的訊號會降低，彷彿大腦將其抑制了，「選擇」去相信看見的假手才是傳訊號的一方，將視覺合理化。

研究人員指出：「如果我相信這隻手是我的手，大腦就會完成訊息的自動保存。」

由此可見，「相信」是最重要的元素。當我看見那些無法丟棄東西的人時，我總是不期然地想起「橡膠手錯覺」這實驗。

囤積癖患者的身上，往往呈現出對物品有一種難以令人理解的、不合乎邏輯的依戀。甚至乎，要他們丟東西像是割掉了他們的某一部分。他們總是呈現出一種奇異的心痛，那心痛彷彿是生命中無法割捨的某部分。

也許，他們某部分出現了「橡膠手錯覺」？因為生命中有些東西無法擁有，也許就像他們的肢體一樣重要的東西，故此不自覺地用了這些物品作為「補償」？雖然純綷是我的猜測，但總隱隱然感到有種奇異的關聯。

情感保存

囤積癖患者總是呈現出一種：「將來會用得到」的幻想，然而在數以千萬件物品中，能找出來而用得到，那可能性根本微乎其微。

而往往，在囤積症患者的生命故事裡，不難找到情緒的淤積，有無法放下的情感往事。而這些物品，彷彿記載著這些情感的某部分。例如某個案案主家中堆滿了過世丈夫的遺物，無法丟棄，因為每件物品，都記載著她丈夫活著時的回憶，也是她未能釋懷的感情。這些物品，彷彿是他丈夫還存活在這世上、仍在她生命之中的一種證明，即是她深深地感受到屬於自己人生的一個重要部分。

能力保存

在囤積患者家中，其囤積的物品種類必定有某類數量異常龐大。我記得有一位家中放了大量書籍和紙張的個案案主，當我到他家進門時，在一張擺放得非常整齊的桌上，看見有一張非常乾淨的大學畢業相；而在這張桌上的東西，個案說是媽媽的，這跟整間屋的雜亂情況有著異乎尋常的對比。個案案主喜歡知識，問到那數以十萬計的紙張（多是宣傳單張及寫了字的紙）有甚麼用？他總說會用作將來整理資料，寫一些東西以幫助別人。他的衣服不多、物品不多，唯獨是書和紙最多，多得連書櫃都被壓破了、用不了。這恍如他的腦袋和心靈，因為想吸納大量的知識，反而不懂得如何處理。同時，我也相信他是難以提起勁去處理和整理。

正如一般人都會覺得有些書有用，買了回來但一直沒有閱讀，丟掉又捨不得，總是覺得有一天會用上，有一天會讀完，結果日復一日，還是沒有進展。書籍開始變黃，又或堆了灰塵，心裡卻又覺得有點難過。

正如那橡膠手，囤積者把不能丟棄的物品，視為生命中失去了那些部分的「化身」，正如橡膠手的「訊息保存」作用，物品彷彿也有種「情感保存」或「能力保存」的作用。

051-050

第二章

物品，呈現著你的過去、現在、將來。

只要我們有活著的一天，就會有需要使用的物品。昨天有、今天有，明天還在呼吸的話，也會有。在不同的時間線上，物品與人們形影不離。身上穿著的衣服、吃進嘴巴的食物，甚至乎呼吸著的空氣。那是海邊的空氣、森林裡的清新氣息、工廠的污染廢氣、口罩中自己的口氣，還是醫院呼吸機的氧氣？

因此物品，呈現著我們的過去、現在、將來。

物品透露著「當下的你」的狀態

當下的我們，是由過去的回憶、現在的狀況和對將來的期盼結合而成。一個人，不會只有現在；一個人，必定有過去與將來。而家居的狀態，尤其是自己房間、私人空間的狀態，往往呈現出一個人「當下的狀態」。在乎的東西，必定被常用和放在當眼處，而那些物品是被整齊放置，還是雜亂無章？就透露出當事人的內在狀態。

我在網絡上曾看見一位女星（她可真夠勇敢），公開其房間被衣物所堆積，king size 的床上也是堆滿衣物，能睡的地方只有那兩呎左右的位置，而化妝桌上佈滿護膚品和化妝品。可見她是一個注重外表的人，然而，她根本不知道自己每天這樣生活是為了甚麼。

人們常用的東西，最能夠呈現出一個人當下的內心世界。就以回家把東西亂丟來說，一個愛惜物品的人是不會這樣做的。一個愛惜自己的人，也很少會這樣做，也很少會讓四周有許多東西包圍著自己。因為愛惜自己，就不會願意身上的衣著被壓皺、壓久了會發出異味及滋生細菌，也不會讓自己睡在一張亂七八糟的床上，影響夜間的睡眠質素。單單是健康及衛生這一環，就已經有很多的不利了。

物品的情緒，透露著「擁有者的情緒」。

物品會有情緒嗎？很多人會覺得物品不過是一件「死物」，沒有生命的東西又怎麼會有情緒呢？這彷彿是癡人說夢。但其實，我們接觸過的物品，都會記載著我們使用過它、對待它時的狀況。當你生氣的時候，假如你是拿著一枝很普通的原子筆，你可能會不自覺狠狠地把它拍在桌面上，是嗎？但假如你拿著的是一件昂貴的瓷杯，你即使多生氣，也會極力去忍耐。這就是物品有沒有被珍惜和重視的反射性行為。

因此，只要看看一個人使用的物品，尤其是在不同場所使用的隨身物品，便可約略窺探到一個人的情緒狀態。

以辦公室為例，一個人若對此地留有感情或歸屬感，大多會放置一些私人物品在公司，而且使用的物品，也會較為具價值。若一個人很少或沒有任何私人物品放置在辦公室，那就是有一種「隨時不用回來」或「毫不依戀」的姿態。如果大家有留意到，通常打算辭職（或已經遞了辭職信）的同事，桌上的私人物品會日漸減少的，對公司活動或同事聚會等的參與度，也會減少。

物品中，藏著你仍然「執著的過去」。

假如是一個無法割捨過去的人，家中大多擁有許許多多已過期或囤積的物品。某一兩類物品數量特別多，甚至有收藏癖是正常的，但太多沒有用而被堆積的物品，尤其是被遺忘但無法丟棄的物品，必定有其「價值」，或許是金錢上的價值，或許是心理上的價值。

舉例來說，曾有一位個案案主，他擁有許許多多的紙張書籍，數量多得堆滿整個居所，連睡覺的床也只剩一半位置。紙張多數是傳單或教會單張，有些已積存長達十多年，然而每當他讀到紙上的文字，便無法割捨。那些書籍，固然代表了對知識的渴求、對能力與被認同感的渴求，而那些積存的單張，則是將知識透過個人能力整合與輸出，而成為一件「產品」或「作品」。

不少人內心都總是積存著一些淤塞的東西，就像一種障礙，又或一些知道或不知道的心結，令到當事人停滯在某種狀態，就像上述的案主，因為長年無法產出作品，而成為了一種持續的、明知如此卻無法改變的狀態。

囤積是由淤塞而來，淤塞是由心結而來。

心結，往往就是某種放不下的過去、某種執念、某種因無明而生的業。當然，也有可能是因為創傷而來、思念而來、痛苦而來。

被隱藏的情緒

在無法丟棄的物品之中，往往透視出當事人內心被隱藏或壓抑著的情緒。記得我中學時候沒有多少零用錢，但我卻有一種買筆的癖好，一直到三十來歲某次搬家，那時初習得整理術，於是把家中所有筆湊在一起，數一數，藏筆竟達上千枝之多！

我從小喜歡中文，寫得一手流麗的好文筆。記得小時候，有朋友說我很適合做心理學家，在治療室中聽人說話，記得那時是中四吧？

但其實，那時候我覺得自己應該沒那麼厲害呢。那時候的我，最想做的，是一個作家。

父親早逝，書籍是我學會如何做人的地方，那像是父親的替代品。從小我就覺得，假如我能夠有一位父親，教我做人的道理、教我理財投資、教我男人是甚麼東西，那就好了。我總是很羨慕那些有父蔭的同學朋友們。但我不怪我媽，父親過世又不是她的錯。

因為書看得很海量，所以中文就自然好起來。爸爸寫得一手流麗的瘦金體，我對父親最親密的記憶，也就是我小學的時候，他在陽台上，捉著我的小手，教我寫過一個美麗的「麗」字。

我對美的感覺、對文字的熱愛，也許就是源自爸爸在陽台上看書、看報紙、陪我做功課，以及教我寫過這一個美麗的「麗」字。

成長之後，我對於文字的熱愛，讓我當上出版社的編輯。但是，我總覺得自己懷才不遇。直至我偷偷的把小說拿去參加比賽，得到了第一屆豆瓣閱讀徵文大賽的冠軍。我還記得參加比賽的人來自世界各地，而參加的人數很特別，是二千二百二十二人。

彷彿是上天特別安排似的。

收藏很多筆，就是因為我總是想寫一手好字。老實說，我自己寫的字，醜得有時我也看不懂。然後，演化成寫得一手好文字（章）。

因為爸爸教我寫字，因為我把書籍當成父親，所以，我就對筆產生了一種特殊的情意結，直至我的文字、文章被認同了，就像被父親認同了一樣，才解開了對藏筆的心結。

自此之後，我斷捨離了大量的筆，我對筆仍有一種莫名的情感，然而已沒有那種不斷買筆、不斷藏筆的癮頭了。

有時候，愛藏得很深。

假如一個人心裡有某個人存在，我肯定，在這人的家裡，必有屬於或代表這個人的物品存在。即使，那可能被放在一個毫不起眼的角落，甚至乎，連他自己也已經遺忘了的角落。

記得小時候，父母親、婆婆的東西都是存放在月餅盒裡的，那個月餅盒，通常放在床底下某個箱子內，又或是某個櫃子裡，安然地待著。隨著時日遠去，那些塵封的記憶也被遺忘了。我記得某次，我媽不知從哪裡拿出一張老舊已發黃的照片，那是她和初戀情人的照片。那一年，她十五歲，笑得羞澀的青春。那男生，好高大英俊。我媽年輕時，原來好漂亮的啊。有一種特殊的 charm，難怪當年會有星探找她。

正如購物單據、載物的包裝袋、過期的報章雜紙，這些不帶感情、又已經沒有用處的東西，我們很輕易地便能割捨。割不掉的，通常只有三個原因：一是有用（或以為有用），一是喜歡，一是有感情。

因此，一樣東西即使只是漂亮，若能令空間變得更美好，這就算是有用。而有些東西即使平平無奇，但看見卻令人心情愉悅，這就是有用，也是喜歡。

但有些東西，既沒有用，也平平無奇，甚至破爛了、破舊了，但你仍捨不得丟棄，那些就是有感情了。我家貓咪「月餅」有一個狐狸公仔玩具，是我媽媽送的，月餅一開始的時候不屑一顧，我媽好幾次來，都說月餅不玩狐狸公仔。後來不知哪時開始，我發現狐狸身上滿是傷痕。隔了一段時間，狐狸體內的毛毛都冒出來了。我媽說不如把它丟了吧，破成這樣。我說不要，可以的話請你把它補一下好嗎？媽媽嘮叨了一會，還是拿回去把它修好了。

月餅是因為喜歡小狐狸，才會把它叼著走到這走到哪，咬它、和它玩耍。我想，牠是知道這是婆婆送給牠的玩伴，月餅很喜歡婆婆呢。

連貓咪都會懂得去因為某人而愛惜一樣東西，更何況是人呢。

害怕失去

我想每個人的人生之中，都或多或少出現過某些遺憾。當我們一路成長，學習得失，學習捨得與捨不得，是一條漫漫長路。經歷過許多許多的痛楚，跌倒過，才明白走過來的人生道理。

也許，在過去的某一年，你曾經因為任性而失去了重要的人、事、物；

也許，你仍不甘心；也許你仍思念但說不出口，或已經沒有機會再說出口；也許，你根本連自己多麼渴望不想失去，也不敢去承認。

但其實，這些都是愛啊。

那些你捨不得丟棄的物品，就是你內心害怕失去的原因。因為當中，記載了你那些無法回頭的遺憾。

我記得有一位個案案主，她把前度的東西都丟棄了，因為前度不再理睬她。然而，她心裡其實很清楚，當時那麼年輕的自己，對著前度是多麼的任性，這些霸道與傷害，令前度漸漸死心。我們年輕的時候，總是以為失去了也沒甚麼打緊，然而，走過了許多個年頭之後，才發現當時的自己是多麼的天真和狠心，竟把自己身邊最好的人，狠心地推開，甚至把一段感情摧毀掉。

那些曾經不以為然的東西，隨手丟棄的禮物和回憶，遂變成一種遺憾。當她某次整理東西，發現原來前度贈送給她的手繩，一直被藏在手飾盒的最深處。她因為這手繩不值錢，故此不曾佩戴。但為甚麼沒有丟掉呢？因為這是在她事業和生活最失意時，前度特意去某個神聖的地方，替她求回來的，她還清楚記得，當時的感動和溫暖。

歲月，會告訴你，你心裡真正在乎的是甚麼。

就在她感情重重受挫、人生中狠狠跌倒，感到孤單寂寞的時候，她發現了這條手繩。她油然憶起當日被疼愛時的幸福，但當然，幸福彷彿已變成一個虛幻的名詞了。自此，她不再丟東西。她害怕失去，她害怕被遺棄。因此，她無法把沒用的東西棄掉。

無法丟東西的人，往往心裡都有一個無法丟棄的人。而往往，這個人已在生命中消失，無法挽回了。

物品呈現內心的傷痕

我有一位個案案主，她家的東西總是破爛的，就因為完全用不到，所以也沒有打算去理會。直至外牆維修，令其家居大受影響，她才思考要去裝修。她獨居，家中本來就有好幾個房間，怎麼其他房間都不能住呢？細問下，原來因為原先那些房間的家人都離開了、過世了，她一直沒有理會，只睡在自己的房間。

這是很典型的「視而不見」的心態。心理上由於一直在逃避面對家人離世的問題，還沒有讓自己重新出發過日子，因此過世家人的物品一直擱在原地，或被堆在一個看不見的地方。

這些心理上沒有清理或處理的情緒，漸漸就會變成一種「淤塞」及「破敗」，就像垃圾放久了，會發霉發臭，而且一直影響著當事人的整個心理狀態，甚至乎人生會出現無法前進、節節敗退及障礙重重的感覺。

我們的居所，就是我們的心，因此總要好好清理才是。

當然，整理物品往往比整理內心的感情容易。過世的親人那深刻的感情，又豈是把東西丟掉便能放下的？但當我們帶著：「愛自己的親人也不想我活在過去，也渴望我能開心快樂地走完自己的人生。」以這樣的領悟去收拾及整理的話，那麼與其說是斷捨離，倒不如說是將親人的情感與自己的心融合，然後盛載著這一份愛讓自己前進，而不是消失並隕落。

甚至乎有時，當家中那些損壞了的東西被修好了、換上新的了，內心的傷痕，也彷彿被修補了、被療癒了。

物品呈現你「在乎的將來」

坊間有一個饒有意味的說法：「當一個已婚的男人開始去做運動時，多半是因為有外遇了。」這樣的說話雖然不是一個定律，但相信也是不少「過來人」的心聲。

不只是男性，正所謂「女為悅己者容」，當一個女子有想要吸引的男子時，便會不由自主地好好打扮，務求讓心上人眼前一亮。

我見過許多婚姻失意的女性個案，身上都瀰漫著一種頹廢感。她們渴望得到伴侶的愛，但真心說，很不容易啊。即使擁有很美好的內心，但外表卻倒人胃口的話，男人還是很難回到身邊的。

當擁有很想要的東西時，人就會作出相應的行為。若想吸引異性又或是重視外表的人，因為需要打扮，就會添置一些例如護膚品、化妝品、漂亮的衣服等等。當然做運動除了有助吸引異性外，也有可能是為了身體健康。如果是為了健康的話，通常還會更注重飲食及留意健康的資訊，話題也會多談及這類資訊。因此究竟是有外遇還是為注重健康而運動，通常都還是有跡可尋的。

另外，若一個人渴望成功、或擁有夢想，也必定會從擁有的物品中呈現出來。例如一個學生將來渴望成為一位優秀的醫生，那麼他會多留意做醫生的劇集、新聞、收生要求，會閱讀醫療的資訊等等。

我見過一些有囤積狀況的朋友，均呈現出人生中某些渴求。例如護膚品（對美貌與被疼愛的渴求）、書籍（對知識與能力的渴求）、衣物（被別人認同的渴求）、櫃子（對囤積物品的渴求）等等。

期待的將來，必定在生活中留下痕跡。

一個人的心境如何，其使用的物品也能呈現出來。記得我某次到一位修行的朋友家中拜訪，這位朋友行事低調，在圈內卻是一位很受尊敬的人物。平時他身上的衣著都非常普通隨意，衣物也看得出已穿著多年，有點陳舊但毫不骯髒。他居於偏遠郊區的一幢三層高的小屋，屋內異常潔淨舒適，在樸素中透著一點格調。某些物品有一定的價值，也具有品味。三層房子，區間分明，每層每個空間都有其清晰的功用，而且每個空間的物品數目都「剛剛好」。空間有餘，物品卻毫不匱乏。

我個人其實一點都不崇拜極簡主義，這讓一個人的內心太單調乏味了，單調得有一種要切斷和外在世界的聯繫的孤寂感。就像酒店的房間，為甚麼東西那麼少、那麼簡單？因為客人都只是匆匆的過客，像鳥兒劃過天空，不留痕跡。極簡主義的人，大多著重「活在當下」，沒有過去，不期待將來。人生說得多數漂亮，但偶爾停下來，會感到一種莫名的空白。

因為期待的將來，必定在生活中留下痕跡。

例如店舖內常見的招財貓是對生意興旺的期盼、大門上的風鈴是要在有人回來時發出聲音的提醒、廚房擱著的杯盤碗筷是有著有人一起吃飯的期待。

摸摸你口袋中的電話，是用著和誰一起買的保護貼或電話殼／繩？電話上的桌布照片是誰？又或和誰有著怎樣一種特別的含意？記不記得，當你設定這桌布時，心中有怎樣的期待？

歌手陳昇曾辦過一場演唱會，名《明年你還愛我嗎？》，演唱會門票只有一款，是情侶票。一個價格，兩張票，情侶兩人，每人手執一張。演唱會的門票在一年前開售，轉瞬間已全部賣清光。但怎知一年後的演唱會，卻滿眼是一排排、空蕩蕩的位子。據說，陳昇對著那些空虛而令人神傷的位子，唱了一首《把悲傷留給自己》。

某年，某個晚上，我某前度，說他抬頭竟看見流星。他匆匆向流星許了個願。我問他，你許了一個甚麼願望呢？他說了要成為某方面的專家，說要做甚麼甚麼。聽著聽著，我的心慢慢向下沉了。

因為我發現，他的將來裡，並沒有我。

流星劃過長空，匆匆。而我們的感情，也像流星那般短暫地燦爛過，然後熄滅在漆黑之中。

那時候開始，我開始送他一些生活上的小用品。鎖匙牌、原子筆、特定某種顏色的衣服、記載某種記憶的零食。還有，特別去廟裡為他許願的護身符等等。因為我很清楚，他的將來不會有我。但我希望，在將來，他可能偶然看見某種顏色的衣服、回家拿起鎖匙開門的時候、拿起原子筆寫字的時候、在生命中遇上跌宕迷惘的時候，可能只是如流星般匆匆的一瞬，忽地浮現回憶之中，曾經有我那麼的一個人，曾經陪伴在他身旁，真心地待過。但願那護身符，代替我，在將來的日子，好好守護著他。

物品，是過去、現在與將來的混合。

若問一個人，究竟你愛不愛你的家人？也許有人會很快回答愛或不愛，有些人甚至乎會說恨、悲傷、憤怒、內疚、妒忌等等，然而仔細想想，可能愛和不愛的情緒也會有，因為開心和不開心的日子也有過。過去的種種，造成現在，現在的種種，累積成將來。因此，物品也就是過去、現在與將來的混合。

匱乏的焦慮

在《匱乏經濟學》一書中，兩位作者，行為經濟學家森迪爾・穆蘭納珊（Sendhil Mullainathan）及認知心理學家艾爾達・夏菲爾（Eldar Shafir）表示，當一個人內心對某些東西擁有強烈的渴望，尤其是匱乏的東西，潛意識會不自覺地將其加倍放大，注意力會急速上升，對外在環境的觀感也會出現一種超乎尋常的轉變。

他們做了一個很值得深思的實驗：研究團隊招募了一班身體健康的男性，給予他們食物，但食物的分量卻一直減少，直至其熱量僅足以維持生命，但對於其身體卻不會造成任何永久性的傷害。

漸漸，這些男性的心理出現微妙而重要的變化，他們開始迷上餐單，對食物的興趣大增，甚至乎會對比兩份報紙上的蔬菜價格，其願望與夢想也漸漸和食物拉上關係，想做和食物有關的工作，夢想開餐廳。在日常生活中，食物的重要性及吸引力，竟然遠比男女親熱的畫面為高，食物彷彿成為了人生中最重要的東西。

其中一名參加者表示，他恨不得實驗快些結束，即使身體上的不適並不嚴重，但最難忍受的是食物成為了他人生的中心、心中最重要的東西、心裡面的唯一。

這聽著可是很多戀人想要達到的「成就」呢，但竟然被食物搶去這個位置，真不知他的伴侶有何感受（假如有伴侶的話）。

積存許多食物

「匱乏的東西」掠奪了我們的注意力，我們無法招架，也控制不了，甚至深深影響著我們對生命的觀感和認知。

有做老年人上門服務的朋友都可能會有同一種感覺：不少獨居、低收入家庭的老人家，往往家中食物的數量，都比需要的數量為多。

有時候打開雪櫃，也會嚇了一跳，裡面擠滿了食物，甚至乎很難想像他們是如何能找得出要拿來煮食的東西。

現代人大多出生在太平的時代，但老年人則不同。他們在童年或小時候多經歷戰亂、捱餓的日子，每天有一餐沒一餐的，這些童年所留下的陰影一直在內心之中，他們總是不約而同地表示「將來可能會用到」，這樣的信念彷彿在其心中生了根，而且無可反駁。然而他們所存放的食物數量之多，又明顯地透露出一種異樣的氛圍。

如上文所說，與其說是為了防止將來不夠用而打算未雨綢繆，更大的影響其實來自於暗藏在潛意識的「匱乏心態」（Scarcity Mindset）。

囤積的行為是無意識的，即使當事人知道自己有很多東西，即使一般人看去已多到超乎常理或難以忍受的地步，但當事人自己卻仍然無視，令人十分費解。當中，由「匱乏心態」而生出的認知扭曲，造成了一種不可被忽視的需要和渴望，而這種注意力奪取了當事人絕大部分的生命，令其深陷其中而不自知。

無論是食物、金錢、能力、機會或感情。當某樣物品大量出現在某人的家中，代表了某樣相對的東西在其潛意識有一種嚴重的匱乏。而這些匱乏對現在的當事人來說即使已經有能力擁有（甚至豐足），但過去的創傷及匱乏的感受在其潛意識之中已生了根，故此「匱乏感」仍在，多多都不夠。

我見過的囤積例如食物（曾經捱餓）、藥物（曾經患病苦不堪言）、紙幣（曾被銀行或金融機構欺騙）等等，其實往往都和過往的重大創傷脫不了關係。

專注的副作用

當一個人全神貫注地進行一件事時，就會不期然忽略了其他事物。心理學家稱之為「管窺視野」（Tunneling）。

美國曾做過一個統計，消防員的死亡原因第一位是心臟病，第二位是車輛意外。在一九八四至二〇〇〇年間因為機動車相撞意外而死亡的數字中，消防員便佔了百分之二十至二十五。當中最令人大為震驚的是，這些消防員死亡的原因，竟然有百分之七十九是因為沒有繫上安全帶。

我們可以想像，消防員一收到通知趕去火災現場救人及撲火，面對著生命威脅又同時要捨身救人，心臟病發機率比一般人高可以理解。但怎麼那麼重視安全的消防員，竟然會因為沒有繫上安全帶這些「低級錯誤」而送命？

這就是專注的副作用了。當消防員在短短數十秒間便要出勤，穿好裝備，在趕急的路程上制定好救火的策略及逃生、救人的路徑，需要使用到的設備及分派人手與任務，因為要專注於「重要事情」上，就大大降低了對「不重要事情」的注意力。

由於要爭分奪秒，由於人的注意力帶寬有限，因此同時間關注於多件事情的能力便大減。

「管窺視野」的意思，指在管子中看東西，只看到景物的局部而無法看到全部，當一個人專注於某些事物時，其他事情就會被忽略。

嗯，當熱戀時，朋友變得「有異性沒人性」，就是「管窺視野」的好例子。

而囤積的人們，由於其內在對於某些事物的渴求聲音太響亮，故此也造成了「管窺視野」，只看見渴求的東西，但忽略了物品的數量、衛生、居住環境及空間等等。

087-086

第三章

物品的語言

「世間的一切就像根鏈條，我們只需要瞧見其中一環，就能窺見整體的性質。」阿瑟．柯南．道爾《福爾摩斯全集》

世間萬物都是環環相扣的，例如中醫透過腳板可以察覺整個身體的健康狀況、生物學家可以透過一滴血發現一個人的 DNA 排列、從一片葉子可以推理出整棵樹的狀態，從一件物品——當事人經常使用的物品大概可以窺見擁有者的個性。

若然物品不只一項，那麼就是一種擁有更多證據的推論了。下面所述的，都不過是個人觀察，並不代表某一種狀態的物品，其擁有者就必定是某一類人。我們要知道，這世上沒有必然，若只用它來評論別人，對別人並不公平。但我總覺得，若能用來自我檢討，省視自己，那卻是一種非常有用的思考模式。

就像在玩有趣的心理測驗一樣，也來看看你是怎樣的？

灰塵

灰塵是時間留下的痕跡

環顧四周，看看家裡甚麼地方、哪一件東西的灰塵積得最厚？相信很多人會說是牆角、梳化底、櫃後的地板、櫃頂、物品與牆之間的空隙等。這些很容易理解，因為都是難以打掃的地方，但物品呢？

記得有一位學生，她說自己家裡有很多膠箱，裡面滿滿的都是未看完的報紙和雜誌。箱子上總是佈滿灰塵，而且因為一個一個疊在上面，很多箱子的蓋子都因重壓破掉了。

年復一年，這些報章雜誌的數量越來越多，灰塵也進入到箱子裡，到打開時，發現裡面的紙張都已經發霉發臭了。

一樣東西假如上面有不少的灰塵，這東西一定是被人遺忘了很久的。通常被放在不易覺察的地方，而且不屬於它的地方。

那些報章雜誌，一直被放在箱子裡，沒有人來閱讀。然而，放在箱子裡會是一個適當的地方嗎？

大家想想，假如東西被使用著、被珍惜著，它應該放在甚麼地方？雜誌，應放在書桌或茶几上，能隨時拿起來閱讀的地方，是嗎？而不是放在一個要花費很大力氣，要搬開很重的膠箱，才能夠找到的地方吧！

被忽略與遺忘的證明

灰塵的存在，提醒了我們時間的流逝。因為灰塵，是需要歲月來累積的。然而物品鋪滿灰塵，也是被忽略與遺忘的證明。

為甚麼灰塵會存在？那是因為一樣東西長時間靜止，沒有動過也沒有人碰過，所以灰塵才能降落在物品之上。一樣東西假如有人拿起過、使用過，上面的灰塵數量也會減少。有沒有發現比較常用的東西，即使沒有一直去清潔或擦拭，但上面總是很少灰塵？

一樣東西假如上面有不少的灰塵，通常的狀況有幾種：

1 被放在不易覺察的地方，而且不屬於它的地方。

2 被置在當眼處，一直以為會使用卻一直沒有用到。

3 被置在當眼處，用作裝飾的物品。

上述三種狀況，都有同樣的特質：被遺忘。或許是視而不見、或許是被忽略而置之不理、或許是被完全遺忘。

當一樣東西經常被使用，即使會有破損與折舊，但東西的壽命總是較長久；而那些久沒觸碰的器具、物品，往往散發著一種奇怪的氣息，拿上手，總是很易便破碎。不知大家有沒有藏了很久的膠袋，某天整理時才發現，一拿上手便碎成粉塵？而那些常用的膠袋，卻仍然光潔如新！

獨居老人身上所散發出來的氣息，和那些被遺忘了很久的物品其實都很相似。

灰塵是存在的意義的反向證明

當一樣東西，擁有著它存在的意義時，便會被使用，那麼灰塵便不會停留。有些朋友可能會問，那麼裝飾品也有存在的意義啊，但不理它也一樣有灰塵停留。這點就要說到被愛被珍惜了。當一樣東西被愛、被珍惜著，總是常常會拿上手看、又或捨不得它弄髒，因此即使是裝飾品，也同樣會很少有灰塵停留。

那就是說：一樣沒有多少灰塵的東西，有兩個特點：一是被愛著，一是有它存在的意義。

人，是不是也一樣啊？活著的感覺，一是活得有意義，一是被愛著。假如兩樣都有，那麼人生就會覺得更完整了。而那些輕生的人，往往是兩樣都沒有，又或者，當事人覺得其中一樣嚴重缺乏。

記得有一次到一位男士家中整理，他其中一樣想斷捨離的東西，竟然是他的結婚照片。那相片用一個很漂亮的相框裱著，可想而知當年曾被多麼的珍惜過。相框上看不出灰塵，但我用手一摸，上面有一種粉塵在指尖逗留，一種讓人很不舒服的感覺。相片散發著一種霉舊的氣息，有某些部分已明顯發黃。我問他：「你要扔掉嗎？」

他低頭說：「是的。」

他說他已離婚好一段日子了，前妻和孩子都已移居外國。看他孩子的東西，很多都光潔如新，而且很多他都捨不得扔掉。然而家裡卻沒有多少跟女性有關的東西，我想他自己也早處理掉了。這結婚照片，恐怕就是最後、也最難以割捨的東西之一吧。我想，他仍然深愛著自己的孩子，但這位女士所留下的東西，似乎帶給他不少痛苦，因此，他都把它們清理掉了。

對於他來說，孩子的存在有著美好的意義，但前妻在他生命中卻是帶來痛苦的感覺。

若一樣東西的存在只帶來苦，那麼把它割捨掉，是理所當然的。

是無情，是冷漠，還是理所當然？

有人會問，曾經深深愛過的人、事、物，為甚麼要扔掉？這不是很冷漠、很無情嗎？我會說，因人而異。有些人，說過去但沒有過去，口口聲聲說放下但心裡還是放不下。深深愛過的人，在人生中已曾留下痕跡，在心裡也擁有一個重要的位置，然而若這段感情已如逝水，不讓它流走，它只會變成一潭髒臭的死水，還會滋生細菌蚊蟲。自然的定律早告訴我們人生的道理，灰塵的侵蝕，風化的痕跡，沒有東西可以永遠不變而留低。

留不留一樣東西，最重要的是，它還能不能給你帶來意義或愛，而不是過去有多愛。正如一段持續地帶來痛苦，只有很少快樂的感情，很多人因為曾經付出很多而執著不放，結果卻是把青春及將來白白浪費在不對的人身上。

人生要前行，定必要有一定程度的放手。然而，那並不是一種拋棄，而是一種帶著感恩和尊敬的道別。讓滯留的拖沓，變成前進的力量。也許在一段不長不短的時日中，會若有所失，但同時，身心也變得輕鬆了。心中多了空間，情感少了負擔，才能容納新的人、事、物和幸福進入生命。

結果，在帶領下，案主對著從前跟前妻一起拍的照片，深深地作了一次感恩和道別。他最後的表情，我至今還印象深刻。在感恩前，他總是帶著憤怒的目光；感恩後，他整個人鬆下來了。在我們把東西拿走前，他竟然有點不捨地瞄了那堆相片一眼。那一眼，透露著他和前妻之間那曾經深刻存在過的情感。我知道，他從此不會再對前妻那麼憤怒和生氣了。這，也是真正的離別才能達到的原諒。

因此，道別其實是一種祝福。對自己和別人的放手，對執著的種種放手。

真正的離別，從來不是無情的。它是承認和接納後，因為理解而放手的選擇。那是一種在生活中劃下過痕跡的歷練與回憶，是一種帶著微笑的轉身。

乾淨與骯髒

舒服的地方，即使未必豪華，但總是令人感覺乾淨整潔。人天生就有喜歡乾淨的傾向，這跟人類對應大自然有害物質的本能反應有關，骯髒的地方有許多致命細菌，因此人天性喜歡乾淨的地方及環境，主要是基於本能上的安全感。

昆蟲是跟誰「同頻率」？

當一個人內心不乾淨、扭曲，甚或變態的時候，我發覺一些害蟲都會經常在對方出現的地方出現，彷彿「同類相吸」。猶記得某年有一位個案案主，他精神狀態異常，身上發出惡臭。他離開治療室後，在沒有開窗的治療室中，竟然有一隻蒼蠅在飛。那刻我渾身立即起滿雞皮疙瘩。當然，從對方身上發出的氣味，也知道應已有多日沒有洗澡了。而這類嚴重的個案，其實應該送往醫院較佳，同時我也給予對方家人送院的建議。

有些外表亮麗光鮮的人，但內心有某個異常黑暗的部分，四周也有很大機會會出現不同種類的害蟲。這種不可思議的巧合，令我覺得彷彿有一種「天網恢恢，疏而不漏」的感覺。無論一個人掩飾得多麼好，潛意識上還是會「滲出味道來」，這種頻率雖然一般人用肉眼看不見，但昆蟲卻「嗅得到」。

我認識一位朋友，曾遇上一位渣男，她說每次和他會面時，在附近總會看見或大或小的蟑螂出現。因為她很怕蟑螂，因此特別能夠覺察到。究竟是因為怕蟑螂，所以特別容易覺察到蟑螂的存在，還是因為該男士引來了蟑螂？我們不得而知。但有一樣東西可以肯定的是，當該男士出現時，我的朋友便覺察到蟑螂。而這種「獨特性」，則可視為一種潛意識的自動化反應，亦即提示。

當然，所處之地的衛生環境、四周的狀況等等，也會造成害蟲的出現，但當排除了客觀狀況後，我們總會見到一些端倪。

然而，卻不是每一位吸引昆蟲的人，都一定是內心扭曲的。我認識一位老人家，是一位熱愛昆蟲的博士，他整輩子最大的興趣就是研究蟲蟲，去觀察牠們，還帶孫兒到郊外親身接觸昆蟲。他家裡總是有各式各樣的「自來蟲」，真的甚麼類型都有，特種的飛蛾、螳螂、甲蟲、蜘蛛、壁虎、毛毛蟲……有些壁泥蜂還會在他家的窗簾築巢。剛巧那段時間就是他在撰寫有趣的香港昆蟲書籍，彷彿全香港的昆蟲都跑來為他提供寫作素材。昆蟲也彷彿知道，這位善良的老人家是多麼的喜歡牠們，連在他家築巢也會覺得很安心。這位可愛的老人家，就是前漁農處處長李熙瑜博士，他撰寫的三冊《尋蟲記》是香港暢銷書呢！其中一本還得到了香港書獎。除了蟲蟲喜歡他，連大人和小朋友，也十分喜歡他的。

當我們做心理治療的時候，前來的個案由於必定內心痛苦難受，我發現進入潛意識時，所呈現的景象，往往都比較骯髒破落。但治療之後，都不約而同表示潛意識中的意象都變光了、變亮了，變得乾淨整潔了。

簡單來說，心理治療期間，因為改變了他們心底深處所發射出來的頻率，因此其潛意識的意象會改變，而潛意識是個能量儲存庫兼發射站，當事人會想脫離以往的思想、居處及行為模式，想轉換新環境或將現時的環境改變，往往這些改變都會令人感覺更乾淨和整齊。

數量

真實世界數量的多寡，往往和內心所需要及渴望的相反。一個人，內心的空洞越大、恐懼越大、不安越大，現實世界中所囤積或需要的數目便會越多。

假如大家有去過日本的寺廟參拜，一定對於寺廟中那份神聖莊嚴感到震懾。而大部分神聖莊嚴的地方，東西都非常少，而且一塵不染。佛教提倡「本自具足」，一個人的內在已經擁有一切需要的東西，因此外在世界無論是情感或物品的牽絆都盡量減到最低。

再加上「時時勤拂拭，莫使惹塵埃」，佛學的整理術是充滿人生哲理的。當一個人時時清掃自己內心的灰塵，就固然明亮清澈。透過擦拭物品的灰塵和打掃，就像在清掃自己的內心。若然能做到世間本無一物的境界，那就連打掃都不用。但我總是覺得，這種人也不必存在於這三維空間了。因此還有這肉身的凡人如我們，還是勤點打掃吧。

極簡主義多恐怖

極簡主義是近年新興的一個流派，主張把物品的數量減到最低（甚至比寺廟中出家人有的數量還少）。有一套令我印象深刻的泰國電影《就愛斷捨離》，當中的女主角琴就是一位極簡主義者。她渴望擁有一間極簡風格的工作室，因此想把堆滿雜物而不再營業的樂器店改造。戲中多個情節中均呈現出她為了追求「極簡」，而瘋狂丟掉東西的畫面。

看得我驚心動魄，像在看恐怖片一樣。

其中一個饒有意味的情節，是她把一直支持她的好友小粉送給她的CD也隨手丟掉了，她說：「現在誰還在聽 CD 啊。」，但送的人小粉卻一眼就認出了那一份禮物。小粉當然受傷了，但琴卻完全不理解，直至在垃圾袋裡發現自己親手織給哥哥的頸巾時，才感受到那種心痛。

「誰會記得丟了甚麼」、「你看不到就不會後悔」，這些都是整理師說的話。這些也都是事實。然而真正的整理，是一種細膩的、真誠的面對自己內心的過程；而不是一個簡單為了追求極簡或潮流而蒙著心眼，把東西說扔就扔的過程。

這樣對待一直支持自己的人，那跟渣男隨便玩弄別人的感情後把人家拋棄是沒有分別的。

戲中的琴，從她數年前對男友不告而別的行為中，已呈現出是一種逃避的、自私的個性，而且沒有同理心，只顧自己，不顧別人的感受。因此她的所謂「極簡主義」，其實是一種「自私化的斷捨離」，罔顧別人感受，為了逃避感受和責任，把過去完全「一刀切」。

當她媽媽發現琴把父親留下的鋼琴賣掉了，在門外那種哭號與傷心，簡直令人感到氣憤。

我想這個反面教材，完全呈現了現時人們對於追求潮流而忽視當中最有價值的奧義，空有潮流的軀殼，卻沒有用心去認識那一份誠意。

外強中乾，結果，整輩子活在無明之中，被自己的自以為是所反噬。

消失的東西、消失的人

生活中有些東西就是很奇怪的，數量會越來越少，例如橡筋、萬字夾、髮夾、便宜的筆、襪子等等，這些東西無論買多少的數量，還是會像人間蒸發一樣消失不見。

在電影《月老》中，有一句話叫我印象深刻：「所有消失的東西，都是不被重視的東西。」那些已讀不回的訊息、那些不讀不回的訊息、那些說了的話但沒有被聽見的瞬間、那些被忽略的心情，都是一點一滴，落下滿地的殘花，心碎成一片片的凋零。

那些生命中消失的人，都是不被重視的人。曾幾何時你和一些人特別的親近。但隨著年月的變遷，不知怎的，工作越來越繁忙，生活越來越多姿多彩，而往昔那些親近的人，漸漸變得疏遠。偶爾回首，會怎麼覺得身邊空洞洞的呢？不是有很多的朋友嗎？但怎麼內心總是那麼的孤寂？回想，那些消失掉的人，是不是一直都被你忽視呢？仿似自然流失的東西，其實還是有一個過程的。漸漸的，你們不再找對方，漸漸的，你沒有再想起對方。

我有一位個案案主，她從來我行我素，對孩子異常嚴格，這位「虎媽」每當在家，只關心孩子的功課、學校的表現。她說她不怎麼抱孩子，甚至乎，在她的記憶中，幾乎沒怎麼碰過孩子。孩子說想要甚麼，她都裝作沒有聽見。然後有一天，她的孩子從家裡的窗飛走了，在這塵世中消失了。

一樣物品消失了可能沒覺得甚麼，但一個人，如果還愛著的話，就請好好珍惜，別讓他／她消失了。

記住，你是最重要的。

有沒有那麼的一個人，你縱然多麼重視對方，但仍然換來一次又一次傷心？一開始，也許你呼號、你要求討論、你渴求對方的關注，你付出又付出，但漸漸，你的聲音越來越靜了，你開始沉默了，直到某一天，你默然轉身離開。因為你決定，與其在對方的世界中被湮滅，倒不如好好的活在自己的世界中，至少能呼吸。

你不管他能不能給你幸福，你只想自己得到幸福。

過於討好的關係，得到的往往是一種「因為你的好」才交換回來了憐憫。記得以前有一句網絡用語說被發「好人卡」，是一種婉轉但細思極恐的拒絕方式：「嗯，你很好，但是……」，「很好」不是重點，「但是」之後說甚麼也都一樣不重要，因為「但是」之後，說的往往只有一句心裡話：「你很好，但是我不愛你啊。」

當遇上這些狀況的時候，假如只是不斷地去討好，對方只會覺得厭煩，結果因為執著於不屬於自己的東西，反而把自己弄得焦頭爛額。物品也是一樣，有些物品總是好像不屬於你似的，不論花多少心機也弄不好或總是常壞掉，就像它們有個性一樣。如遇上這樣的狀況，我還是建議放下吧，換一個好用而且用得到的，會沒那麼的勞氣。

物品，是來支持我們的，因此作為使用者，我們也要有一定程度的覺知。從跟物品的關係中，也學習到萬物和人之間的關係。你可以安於每次使用時會出現一點麻煩，但還是能用到，就如安於和親人在一起總會有些令你覺得不舒服的地方，但仍然處之泰然一樣。

無論物品怎樣，還是好好關心自己的情緒及安危。正如一隻崩角的碗，拿來吃飯會容易受傷，那麼就換一隻適合的碗來吃。記住，你才是最重要的。

傷痕

每一條傷痕，背後都有一個故事。在一件物品上，那些傷痕被記載著怎樣的故事？

傷痕是回憶的證明

任何東西只要被使用過都會出現一些痕跡，但傷痕卻是截然不同的印記。

當我們談到傷痕，就會想到受傷。心的受傷固然因為不同的際遇及緣分，而物品的受傷，也是由於不同的際遇及緣分。當然，主要來自物品的主人。

大部分的人都喜歡用全新的東西，沒有「瑕疵」的物品。其中一個原因，就是「被別人用過的東西感覺都不太好」。即使光潔如新，但總是有一種怪怪的感覺，彷彿在使用著不屬於自己的東西，有些人甚至懼怕被前任物主不好的能量所影響。

而有傷痕的物品，就更為明顯。

正如灰塵。灰塵的存在，是被遺忘的證明、被忽略的證明、是存在意義的反向證明。傷痕的存在，則是回憶的證明、是被愛的證明、是存在意義的證明。

有些人可能覺得奇怪，都受那麼多傷了，怎會是愛的證明、存在意義的證明？

受傷，是因為覺得不被愛，或被愛得不夠；而能夠受傷，則是因為心中有愛的存在。你會要求街上一個陌生人去愛你嗎？若對方對你的話不理不睬，那是很正常的吧？因為心中有愛，所以才會讓這個柔軟的部分展露在對方面前。

人們常說一個人沒有感情，那不過是具行屍走肉而已。因為有感情，所以才容易受傷。人存在的意義，說是一種道理，不如說那是一種感覺。因為感覺到有意義，所以才活得出意義。而那傷痕，無論是心上的傷痕，還是物品的傷痕，就是因為在愛著的日子、感覺到意義的日子，即使那意義多麼的微小也好，也是一種存在過的證明。

讓我們，不要遺忘提醒。

物品的時光

人能夠感覺到時間的存在，乃因為回憶。我們記得以前發生過的事，那些情感，那些遭遇，那些恍如花中微香的溫軟時光，那些恍如寒冬飛雪的漆黑深夜，那些味覺殘留的酸甜苦辣，那些五味紛陳的百感交雜，那些過去，那些通通都是回憶。

在捷克居住時，我很喜歡去當地的跳蚤市場、古董店，因為歐洲的時光較慢，人們把東西留著十年八載是日常，因此隨便便能找到上百年的東西。進入古董店內，瀰漫著回憶的氛圍。彷彿每件物品都透著一種神秘的味兒，在那些地方，光潔如新的東西都幾乎無人問津。觸摸著那些東西，你總會不期然的思索：「究竟之前的擁有者是怎樣的人呢？」

記得小時候，我們那個年紀仍然有體罰，有一次父親打我的小腿，腿上有紅紅的一個五指掌印，這小腿上的傷痕雖然褪去，但在我的記憶之中猶新。那時候，父母生活艱難，我也許做了些令他們煩心的事吧？我已忘了，但相信他們當時心中一定經歷著許多的不快樂，才會狠狠地打在小孩的身上。

正如當自己心情欠佳的時候，內心那種狂風暴雨，會令人手中無論握著甚麼，都變得用力了。無論將甚麼放到桌上、地上、任何的地方之上，都無法把心中的不適移離。

因為心中的傷，無法紓解，故此那傷痕，就印刻在那物品之上。

外在世界是內在世界的投射

外在世界是內在世界的投射，我發覺很多說自己「沒甚麼感覺」的客人，往往不是身上有著顯而易見的皮膚病，就是他們使用的物品往往有很多的花痕，或殘舊、或帶著許多個袋子出街。

我有一位個案案主，個性異常挑剔，每次談到她想要的東西或對象時，總是要求完美得叫人感到暈眩。因為總是找不到「最好的」，故此也「無法更替現在的」，即使已破敗不堪或痛苦異常，但因為「只是暫時性的，當找到好的便會換掉」，故此她住在日久失修的房子裡，與令她不快樂的人在一起，過著忍耐著痛苦的人生。

然而，她總是在人前呈現一種過度正面的思維模式，這種隱藏的悲傷是某種逃避與壓抑的心理狀態。然而潛意識總在不經意的地方透露出內心的秘密，人能夠逃避面對自己的內心，但沒有人能夠逃避潛意識的反應。

即使一個人說自己已忘了某些過去，但身上的傷疤，卻是回憶存在過的證明，也是活著、活過的證明。這些傷痕可以是痛苦的記號，也可以是鳳凰涅槃重生的烙印；可以是懦弱的回憶，也可以是頑強活下來的堅毅。

世上所有事情都是一體兩面的。物品的傷痕，也是一段段往事的溫柔提醒。我們是否也如對待物品般，一樣對待過自己或所愛的人？

記得小時候，我家的衣櫃，很多櫃桶都是破的。一拉開，面板便會倒下來。然而每一次，我們都會把那面板蓋回去，沒有把它扔掉，也沒有把它拆掉。即使多麼的不便，但就是自然地會這樣做。

小時候我家常常吵架。回想這些破敗的櫃桶，也許就是在憤怒的情況下，家人用手抽拉造成的結果。然而，因為內心其實根本不想破壞，而且渴望它是完好的，所以才一次又一次把櫃桶蓋回去。

人心很微妙，愛不愛，其實不是在看破壞的那一刻。因為情緒爆發時很多人都不懂控制，但假如心中仍然珍惜，終究還是能從細節中透出味兒。人們說時間會證明一切，我想，這也是物品透過時間，給我們愛的證明。

裂痕呈現的不完美之美

記得網上流傳著一幅圖案，有一對白髮蒼蒼的老人，手牽著手，上面寫著：「東西壞了，現在的人們換新的，但我們以前卻會修復它。」

表面說的是物品，但實際說的是關係。

現代的節奏越來越快，人們的耐性也越來越低。從前沖曬一張相片，都要等上好幾天，而且費用不便宜，因此每一張相片都要用相簿好好保存。然而現在手機影相實在太方便了，每次和朋友吃飯，連人連菜連環境連街燈連侍應的表情，都要拍上幾十上百張相片，相片檔內有數萬至數十萬張相實在稀鬆平常。手機或電器壞了，不再選擇維修，而是換上新的。

現代人的感情也是一樣，不在乎天長地久，只在乎曾經擁有。拍拖預了分手，離婚變成常態。人們無法享受孤獨，卻更無法好好在一起到老。

我很喜歡日本的金繼（又稱「金繕」）之學，把破的杯盤碗碟，用生漆及真金製成的粉末來修復黏合，修復後的瓷器，會有一條呈現出缺憾但卻又閃閃生光的裂痕，這條金色的裂痕，竟然令到平平無奇的瓷器，多了一份令人感動的美。

這種侘寂之道，就是欣賞在不完美之中的完美。世事本無完美，但如能用心欣賞、用心觀看，用愛修復和包容每件事物的傷痕，這些傷痕就不再是缺憾，反而成為了閃亮的特徵。

在這條重新黏合的裂痕中，包含了許許多多的捨不得、懷念和愛。

修復

每樣東西都要修復嗎？

人一生擁有的東西其實很有限，每樣東西都想修復的話，四周便會被許多破爛的東西包圍著。有很多老人家不捨得丟東西，總是說：「這修好了之後還能用。」但東西太多，也無法割捨。

珍惜，很重要；有修補珍惜東西的心，很美麗。無法割捨東西，以「修好了還能用」為藉口，卻是對於失去的恐懼及無法放手的逃避。

物品壞了，是一種預兆？

記得有一位個案案主，是一個斯文溫柔的女子，但愛起來卻轟轟烈烈。她和遠方的愛人在疫情期間，主要靠視像通話聯繫。某天她男友表示需要調職到另外一個省份工作，工資雖然多了，但卻是出名的忙碌。男友表示要趁這段時間多賺些錢，好為兩人將來作多些儲備。

女子知道男友一旦接下這份工作，即表示二人視像通話的時間會少很多，由於時差關係，甚至可能不能每天通話。但她知道男友很喜歡這份工作，而且也是為二人的將來著想，故此也只有全力支持。

然而在男友離開本省的前兩天，無獨有偶，二人電話上的熒幕保護貼都不約而同爆裂了。

女子心裡有一種不祥的預感。她靜靜地去了換保護貼，只一心祈求二人感情能穩穩地走下去。上班後，男友越來越忙，有時連續幾天甚至一周都無法通話。女子感覺到二人的感情開始出了問題，但男友卻已不肯離開這份工作。

二人的感情，亦由心痛開始漸漸轉淡。即使聖誕節，男友也是寧願和朋友同事度過，不肯和女子通話。

女子回想，總是覺得電話熒幕爆裂，彷彿是暗示著二人無法視像對話，也是感情破裂的預兆。

類似的情況我聽過很多。例如家中有漏水的狀況，似乎暗暗有種「漏財」的隱喻，水為財嘛。當然，這些都沒有太多的科學根據，但卻又似乎總有不少人有相似的經驗。

世上沒有可以隨意對待的存在

「世上沒有可以隨意對待的存在」——這句話，來自南韓作家禹鍾榮《樹木教我的人生課》其中一篇文章的標題。禹鍾榮是樹木醫生，他覺得自己的人生都是從樹木中學習的。當他人生最低潮的時候，看到松樹在惡劣的環境中，在山峰上的岩石縫中仍然挺立生長，於是他下定決心「我也要像松樹一樣堅強地活著」。

我很喜歡禹鐘榮先生的文章，他對待樹木的態度，深深撼動著我。在大城市生活的現代人，見到昆蟲都要尖叫，甚至趕盡殺絕。然而人本來就是活在大自然中，植物、昆蟲本來就是地球的一部分。地球暖化、污染和環保等問題，其實就是來自於人們對於擁有的東西隨意與自私對待的態度。

生命本無常，但我們仍熱愛生命。所謂萬物皆有靈，很多的智慧其實都能夠從不同的生命中學習。

學習整理收納術的過程中，最令我震撼的一個步驟，就是對於被捨棄的物品或垃圾，要表達深深的感謝及感恩。從小我們接受的教育，就是「垃圾是骯髒的」、「沒用的東西就要被丟棄」，人們對垃圾的態度是不屑的、敬而遠之的、反感及厭惡的。

由此，當人們覺得自己「沒用」、「像廢物一樣」、「沒有價值」時，就連對自己也感到不屑與厭惡。這些人會把自己也當作廢物一樣對待，生活在垃圾屋中、吃進大量的垃圾食物、生活得糜爛與混沌，甚至乎對待別人或物品都一樣的態度。

但其實，世上沒有任何東西是完全沒有價值的。看看你家的垃圾桶，食物與物品的包裝袋、廢紙、用過的東西、損壞的東西等等，這些所謂的「垃圾」，也曾經對我們的生活有所貢獻。只是它們或許已完成了使命，或許已經損壞或無法再使用，或許這些物品的來來往往，正正就教會了我們，生命中的離離合合，有緣便能夠待久一點，無緣便讓它飄走。

無論結果如何，離別時，我們仍然能夠感恩，感恩它們在我們的身邊待過、幫助過、提醒過我們的許許多多。要送走的送走，能循環再用的便祝福它們到達一個珍惜它們的人的手中。而我們內心，對萬物彷彿就少了一份虧欠，多了一份愛與包容。

我有一位朋友是公眾人物，因為擁有不少粉絲，每次見到粉絲時總會收到禮物。有次我看見她收到粉絲的禮物，當粉絲離去後便即時拆開，那是一盆手工製作的花朵，看去雖然不算很精緻，但相信也花了不少心思製作的。我看見她一臉不以為然，我問她會怎樣處理？她說回去在沒人看見的地方，便把它扔掉。

這位朋友長得很漂亮，也有過不少的情郎。當然，身邊總是圍繞著許許多多討好她的人。我發現她有一個習慣，就是彷彿對感情沒有多少的依戀，每當要切斷一段感情時，那種狠，叫人感到心寒。那讓人覺得，那些愛上她又被她甩掉的人好可憐啊。

我從小到大都沒有收過很多的禮物，因此每次收到後，都捨不得丟掉。因此對於朋友的做法，我無法理解。也老實說，自此之後，我再也沒有送過禮物給這位朋友了，因為我真的不想自己用心揀選送她的禮物，竟變成被隨手扔掉的垃圾呢。

姿態

從擺放物品的姿態，可以看出一個人處世待人或對待自己的姿態。

倒下了卻裝作沒看見

進入一個人的家時，我的目光總是被一些東歪西倒的東西吸引。當一樣東西倒下來了，人往往會內心出現一些輕微的不適感。然而，若家居中出現很多東西「沒有被放好」，尤其是當事人「知道」，但沒有即時處理而累積下來的狀況，通常不是因為當事人過著很忙碌的人生（往往也未必能有足夠時間或心思好好照顧自己），就是一個不拘小節的人。

而對於外在事物「視而不見」，也是「心盲」的一種，明知道應該收拾、明知道應該整理，但一拖再拖的話，生活上可能也會出現許多的拖延或忽略。

當然，除了「心盲」，也可能是因為「心累」。心力交瘁者，心中有強烈疲勞感的人，往往就會將這些最易忽略而看似無傷大雅的小事遺忘。

很多朋友說回到家「一根手指頭也動不了」，忽略了家事、忽略了家人，很多時是因為白天工作或某些事務令一個人的心已異常疲勞，需要復原。

有些心的復原，可能需要一輩子的時間。我有一位個案案主，家人都離開了，以前她是一個很愛乾淨、很有條理，甚至乎有些潔癖的人，但自從經歷一次人生的重大打擊後，生意破產、愛人離開，她說只剩下自己一個，甚麼都不想理、甚麼都不想碰，家中不知何時開始堆積著許許多多的東西，以前很容易便將物品放歸原位，也會在意物品的擺放角度，但發生事件後，便不再對這些有心思了，很多時明明知道東西倒下了，放歪了，也不想再理會。但明明自己心裡並不是這樣想的，她最想就是回到以前，那個對四周事物都有一種明亮的心情、有要求的自己。

她說：「我彷彿放棄了自己。」

她說：「我倒下來了，也沒有人幫我。」

她說：「自己就像一塊被用完棄掉的抹布。」

因為生命無所依附，因為生命彷彿失去了意義，因為生命隨著親人的離世而自己的存在感變得淡薄、輕淺，因此，對四周的感覺也彷彿蒙上了一陣薄霧，要看清這一切，需要太大的勇氣了。

刻意放好與歪倒

強迫症患者有一個很特別的特徵，就是會將所有的東西整齊排列得一絲不苟。連輕微移動或放歪了一點，都覺得受不了。強迫症患者和潔癖的人完全不一樣。潔癖簡單來說，就是無論在哪裡都受不了骯髒與不乾淨。而強迫症患者若進入一個原本已有塵埃或不乾淨的地方，並不會有種要去把它弄乾淨的衝動；若然那處地方原來就一塵不染，但突然多出了一根頭髮，強迫症患者就會覺得非常受不了。

一般人來說，固然會有傾向把東西放好與放歪的人，這也同時反映出這個人是正經八百、踏實，還是帶一點藝術家的個性、不拘一格。我有一位朋友家中的東西不多，但我發現大部分的擺設，都是斜斜的，幾乎沒有一樣是正面的。就連掛在牆上那背著十字架的耶穌，也是斜掛著的。我也注意到這位朋友很少正面望向別人，站也很少站在人們的正前方。站著說話，也是斜著身子的。

他無法跟人很深入地交心，也總是想避開直視人的目光。他的內心世界彷彿是個謎，很少會談到他的家人，他對自己的感情狀況更三緘其口。他臉上那皮笑肉不笑，又或不會展露太多表情的肌肉，總給人一種距離感。

另一位個案案主，他公司桌上所有東西都是端正無誤的，然而他家中的東西，尤其是洗手間及自己房間的東西，卻只是很隨意地擺放，有些東西倒了也會視而不見。在人前，他要求自己做到足，非常在乎別人的看法和評價，然而在人後，他其實對這些人十分不屑，而且討厭自己，又經常怪自己要戴著面具做人，無法好好做自己。

情緒

你的東西，你喜歡嗎？

就像對著我們不喜歡的人，會油然生出一種厭惡或想逃避的情緒；又或遇上不喜歡自己的人，我們也會想逃避或感到不開心。因此，當我們看見家中那些不喜歡的物品時，往往就會下意識「視而不見」，甚至是讓它持續停留，不去處理。但即使你沒有在意到，然而潛意識卻知道。因此在那些有很多你不喜歡的東西的場所，便會產生一種抗拒感或厭惡感。

近藤麻理惠主張「心動」的整理術，物品要有心動的感覺才留下來，否則便將其送走。這其實不無道理。因為潛意識會想看見美好的東西，人們對於自己喜歡的東西會產生正向的情緒，因此當家中只留下心動的東西的話，住了一段日子之後，心情吸引回來的東西都變得既心動又美好。

你的東西，喜歡你嗎？

心理治療很喜歡用一個代入的手法，就是角色扮演。若然能夠進入物品的世界，就能夠知道物品所傳達著的情緒與能量。例如當你想像自己是那被壓在最底的背包，你會有甚麼感覺？會有一種被忽略、被壓迫、被遺忘，甚至乎有點委屈的感覺？

然後，你渴望你的主人會怎樣做呢？

第四章

物品的價值

外在的價值、內在的價值

環顧一下你四周包圍著自己的物品，被塞得滿滿雜亂無章的抽屜和櫃子，掛滿及堆滿衣服的衣櫃，有一半的衣服穿過不夠三次；用了一半的護膚品、過期的報章雜誌、沒開封但買了很久的日用品，吃了幾次便沒有再吃的保健食品……等許許多多的東西，其實很多都不會再使用，或已經用不上了。

其中一樣很難丟棄的東西，就是別人送給自己的、很昂貴但甚少用得上的東西。這些東西仿似擁有金錢的價值及情感的價值，但卻欠缺實用的價值。但你卻不敢丟棄，因為對方可能會感到不開心，雖然自己覺得實在不怎麼喜歡。

這是很常見的內在糾結，別人眼中的價值和自己內心的價值出現落差，為了要應付別人的期望，而去壓抑自己內心的渴望或自由。

有一個孩子的媽媽送給他一件白袍，希望他將來能夠當上醫生。小時候，孩子玩的遊戲，都是扮醫生的遊戲。媽媽覺得這樣的角色扮演能夠讓孩子潛移默化，讀書會以做醫生為目標。然而孩子長大後，成績出眾，但卻反而討厭當上醫生。因為他從小就知道，喜歡那件白袍的人，是媽媽才對。因為媽媽總是說，假如爸爸是位醫生，她就不用捱那麼多的苦了，但爸爸「只是」一位護士。孩子無法理解，在他心裡，假如自己當上了醫生的話，就好像要把爸爸趕出了這個家庭。他覺得爸爸很愛自己，對媽媽產生了反抗的情緒。

於是乎，他心裡漸漸對白袍產生了一種負面的情緒，也漸漸對做醫生產生很大的抗拒，結果，他會考成績不如意，沒有考入醫科。他既內疚，卻又感到鬆了一口氣。有時回想，可能是潛意識讓他考不上醫科，那麼就不用背叛父親，也不用違背自己的夢想。

至於那些陪伴著他成長的白袍，自從他上大學後，媽媽便沒有再看過它們一眼。有次整理舊物，他全部丟掉了，只留下一件。他記得某天，爸爸媽媽和他一起玩角色扮演，那天，他們全家都很開心。

我們即使能夠因為顧及別人的感受，而忍耐或壓抑著自己，但潛意識是知道的。到某天，你終究可以離開那些令你無法自由的東西，同時，你也可以選擇，留下那些美好的回憶。

給自己一個限期

《重慶森林》中的何志武（金城武飾演）說，他分手那天是愚人節，而自己生日那天是五月一日。他當作分手是愚人節開的玩笑，在那天開始，便每天買一罐她最愛吃的鳳梨，是到五月一日便過期的鳳梨。假如買了三十罐之後她還沒有回來，這段感情就會過期。

經歷過等待與失戀的朋友，相信都經歷過給予感情一段期限的心情。

你明明知道這樣等下去不應該，你明明知道，那個人很可能不再回來。又或者說，對方狠心把你扔下了，你還想給一個機會，與其說是給他一個機會，不如說是給自己一個機會。一個你狠不下心離開的緩衝，一個到期時狠得下心離開的理由。

物品也是一樣。整理術常常強調把那些扔不掉的東西，放進一個有蓋的箱子裡，密封起來。寫上封口的日期，寫上一個期限。往往是一年。一年之後，你多半都忘了箱子裡面藏有的東西，而且你發現，就算沒有那些東西，你依然過得好好的。只要不打開這個潘朵拉的盒子，不好奇去回頭，就不會變成石頭。其實你需要做的只是忘記，忘記裡面的東西，忘記它曾經對你的影響力。到期的時候，把它送走或扔掉，就好。記得，別打開來看，別回頭。無論箱子裡面放的是東西，還是感情。

空洞的幸福

很多人喜歡名牌衣物或用品，但有沒有想過自己是否真的喜歡這東西？是因為品牌名氣及穿上時能予人感覺光鮮，還是真的因為其質素才喜歡？

我有一位朋友，社交媒體上每天發佈的相片，不是去買名牌手袋就是去買名牌衣服，但她的臉上，笑容總是僵硬的（真心開心笑和戴著面具的笑容有很大分別呢），她也從來沒有發佈過和丈夫、孩子及家人的快樂生活照。

另一位朋友，手中握著許多豪宅物業，但自己卻住在平價的物業中，原因是希望兒子不要將父親視為一棵搖錢樹，以身教去教育孩子不要小看一個住在平民區、看去普普通通的人物。

有一位朋友，長著如花似玉的面貌，妖嬈的身段，但有次她私訊跟我說，原來已受精神病及幻覺困擾一段日子。就如網上許多用濾鏡換臉的 KOL，她明明已長得很漂亮了，還是不斷用濾鏡把自己的臉變得更尖、腿拉得更長。最近，她還打算去整容。

有一位朋友，個子矮小、其貌不揚，「我很醜但我很溫柔」這句話來形容他非常貼切。他內心總比別人平靜，就算經歷著大風大浪，心理韌度也來得比一般人高。他說由於外貌的關係，自小便受盡別人的奚落與白眼，父母親也更疼其他兄弟姐妹；出來工作總是比較吃虧；連去買餸人人都能講價，就是他沒成功獲打折。也許因為種種挫敗，令他培養出一種「無視挫敗」的個性。尤其是對很多人來說最在乎的批評，他總是能聳聳肩輕輕一笑便帶過。

人們使用的東西也一樣，名貴不一定代表優越。往往，對一個人來說，最珍貴的東西，不在於其金錢上的價值，而是情感上的價值。

記得在新聞上看見某國發生大火，一個老人拿走家裡唯一的一樣東西，就是他的貓。這樣的畫面，令人觸動，令人感動，不是麼？如果在大火中，某人拿走的只是一個沒有回憶但卻很貴的皮包手袋，是不是會令人覺得頗可憐的呢？

價值的錯覺

每個人對價值都有不同的觀感，有些人是以金錢來衡量，有些人是以感情來衡量，有些人是以質量來衡量，有些人是以數量來衡量。有些人，則以擁有者來衡量，例如小時候的俗語「隔籬婆仔飯焦香」，說的是鄰居煮的飯總是比自家的好吃。但其實以一件物品來說，科學家卻發現人們會覺得自己擁有的東西更具價值。

大部分人都知道空間充裕、乾淨整齊，對一個人的身心健康都有好處。但為何有幾乎百分之九十八的人也無法做到絕對的乾淨整齊？

選擇規避

在第一章，我們談到人的專注力帶寬是有限的，就像一條寬頻，一個人用的話，無論打機、上網、看戲、聽音樂、開會等都非常流暢；但當變成二十個人一起上網時，就會經常 hang 機。

過多的事項固然會分散我們的專注力，過多的物品也會令人產生一種無力感。正如一個家庭主婦，這邊孩子鬧脾氣，那邊初生嬰兒肚餓哭鬧，然後家中的小狗聽到吵鬧聲被嚇壞而奔跑，摔破了花瓶，奶奶致電來問今晚的拜訪有沒有留意別煮牛肉，因為外父不吃牛肉，門外響起速遞送包裹來的門鐘聲……這刻的主婦，儘管有三頭六臂也無法處理那麼多的事。結果她崩潰了，甚麼都不做，呆坐在沙發上兩眼放空。就像一部不夠容量、數據及傳輸速度的電腦一樣，hang機了。

進入一間堆滿物品的房子，放眼都是要清潔和處理的東西，因為每樣事物要細看、下決定、找垃圾袋、分類、丟棄、整理、送人等等等等，令人瞬間產生一種巨大的心理壓力，也不知道該從何入手，於是便避免作出選擇，決定不理。

這就是人在過多選擇時所產生的迴避機制，雖然都不過是微小的事情，明明做起來簡單容易，但不知怎的卻覺得「很麻煩」、「很煩」、「很累」、「很花心力」，不知如何選擇先做哪一樣東西，於是乎也會出現「不想碰」的狀況，簡單來說就是「選擇規避」。不想去選擇、逃避去選擇、放棄去選擇，即使那選擇，可能等如只是要不要丟掉一個膠袋。

損失規避

人們對於價值都有一種莫名的扭曲，面對一樣東西的價值，其實很少是客觀的。

《快思慢想》的作家丹尼爾・卡尼曼（Daniel Kahneman）曾做過一個實驗，他有一個硬幣，告訴實驗者若拋出正面，對方將得到一百五十美元，若拋出背面，則輸掉一百美元。

由於硬幣兩面的重量是均等的，故此拋出正反的機會率都是百分之五十。長遠來說，這幾乎是穩賺的提議。

然而，大部分人都拒絕這個賭局。因為損失一百美元的「痛」，比起得到一百五十美元的「快樂」更重要。損失似乎更令人難以忍受。

這稱之為「損失規避」（Loss Aversion）。指人們寧願放棄長期的利益，也不想去承受短期的損失。

當人們覺得自己的物品有某程度上的價值時，無論那是金錢價值、感情價值，還是迷信的價值（例如帶來好運的風水擺設），都不願意丟棄。記得有人說過送甚麼物件給一個你喜歡的人，而又能肯定對方不會丟棄？那就是用錢幣親手摺出來的護身符，因為當中包含感情、金錢和迷信這三大價值。人們是不會把錢丟掉的，這是獎勵機制；人們是懼怕失去的，丟了或送人可能會帶來厄運，這是懲罰機制；人們是重視感情的，這是動之以情。即使對方一開始對你並沒有多大的感情，但由於丟不了也不能送出，就唯有留下。日子久了，還可能日久生情呢。

稟賦效應或厭惡剝奪

人們對於自己擁有的物品，會有一種不合理的價值感。舉例來說，若朋友送你一隻很漂亮高級的瓷杯，你覺得它值多少錢？當你擁有這隻瓷杯一段時間後，有人想你賣這隻瓷杯給他，多少錢你會想賣呢？大部分人售賣的金額，後者都會高出前者。

經濟學家李斯特（John A. List）曾進行一個實驗，將兩組參加者隨機分組，完成問卷後均贈送禮物，一組為咖啡杯，一組為朱古力。待他們收到禮物後，實驗人員再告訴對方其實咖啡杯和朱古力是可以自由選擇的，問他們會否互相交換。然而，只有百分之十的參加者會選擇交換。

由此可見，得到咖啡杯的會覺得咖啡杯較好，而得到朱古力的會覺得朱古力較好。心理學家認為，人們都較傾向喜歡自己所擁有的，當覺得某物件是「屬於自己」後，其價值也在心中相應提升。這種心理狀態被稱為稟賦效應或厭惡剝奪（Endowment Effect）。

這說明人們要丟棄東西的時候，為何別人眼中不值錢的東西，對擁有者來說是多麼難以割捨。因為在人們眼中，自己擁有的東西，價值都比較高。記得我媽常常說她儲起來的CD值多少錢，但在我眼中，那些老舊的歌有誰聽啊？還要是CD啊！

有一位客人家中放滿毛公仔，這是她從小到大儲起來的，數百上千個。由於數量眾多，因此很多毛公仔已十多二十年沒有碰過，可以想像積聚了多少細菌灰塵。但對她來說，這些大大小小的毛公仔，都是值錢的東西，她不會賣給任何人的。

減少重複物品，令時間變多。

由於上述的價值錯覺，令人們無法作出理性的選擇及即時的行動，按此又延伸出更多價值的錯覺，時間就是其中一樣最重要卻又經常被忽略的價值。

由於物品太多沒有好好處理，因此便要花時間去找。西班牙某機構做過一項研究，表示人們花在找東西的時間多得驚人，而且找的東西並不是甚麼重要物品，而多是手機、鑰匙、眼鏡、手錶等小東西。他們表示一個八十二歲的西班牙人一生花在「找東西」的時間，竟高達五千小時！即二百零八日！而且有百分之五十的西班牙人，平均每星期會丟失一樣東西。

由此可知，因為不想花時間去收拾東西，結果花了更多的時間來找東西，亦花了更多的金錢重新購買丟失的東西。

我有一個客人，在二百呎的家中就有超過十多把剪刀、六個釘書機、八把 cutter、超過三十塊擦字膠，原因就是她每一個櫃桶都塞滿各種各樣的東西，要找起來，甚麼都找不到。

而優質的整理術，就是能夠讓找到東西的速度最大化，從而將時間的消耗及重複購物的金錢減到最低。

免費的東西最昂貴

在市場營銷中有一種常見的手法：就是「送贈品」。平時你不會花一百元去買一隻USB（現在多數人都用雲端儲存了），但若購物時會送你一塊價值一百元的USB，人們便會排隊去換領。疫情紓緩後，很多大型商場會贈送現金購物券（但要買滿一定的金額才能使用），平時人們都不會去商場買太多的東西，但因為這「突然多出來的現金券」，就去花錢了，而且因為「多了一些錢」，所以會買更多的東西，花的錢比原本預計或需要的可能更多。加上花時間排隊、為了用完現金券而花更多時間購物、家中要存放更多購買的東西而少了空間等，都是隱藏的支出。

現金券還好，有時贈品是一些沒打算買的東西，例如雨傘、環保袋、茶壺、血壓計或杯盤碗筷等等，這些東西既不喜歡，也很少用，但丟了又覺可惜。故此便長放家中佔據位置，也佔據著心中的位置。

尤其是朋友贈送的東西，很多人都覺得丟了會對不起朋友（我自己也是），但其實過了一段時間，假如你仍然覺得用不上（而朋友也不再提起時），就轉送給別人吧。要懷著一種感恩感激的心，讓禮物轉贈給更適合它的主人手上。當然，最好的是把它贈送給你朋友不認識的人，即是在社交媒體不會看見對方動態的猶佳；否則送禮物給你的朋友若偶然看見了，是會覺得尷尬和傷心的。

另一個方法，就是假如朋友送的東西有一部分你很喜歡，那便只留下你真正喜歡的部分。一般人不會太過問自己已送出的東西，見到你有用（即使只是其中一部分），也會以為你留著全部。就算某天發現了你把其他部分送了給別人，也不會覺得你是完全無情的。

善用時間，提升價值。

時間，是流失了便不會回來的東西，因此好好掌握物品該擺放的位置，減少找東西的時間，善用這些時間來提升價值。無論是做喜歡的事、休息、學習或賺錢也好，只要有時間，就能夠精進和深化。

常用的東西

留意一下你的四周，有多少東西是常用的？它們又放在甚麼地方？

人的慣性是常用的東西都放在最易拿到的地方。例如杯子會洗完後放在瀝水架上，可能未放好便又會拿來用。電腦旁都是常用的文具。假如你是每天都會用電腦的人，你不會把滑鼠每天都放回櫃桶裡，再每天拿出來啟動。使用頻率越高，就會越容易拿到。手機就是幾乎無時無刻都會在隨手拿到的地方。

有些人會為了整潔，將常用的東西也收進櫃子或櫃桶內，以為自己「每天不過多做一個步驟而已」，但過了好幾天，會因為人的生活習慣及習氣使然，又會將東西放同桌上或當眼處。有時「開櫃桶」、「關櫃桶」這些看似只花很少力氣的舉動，對人來說都是一種負擔。若明白人的習性，就不會「做這些傻事」。

不常用的東西

常用的東西放在當眼處固然沒有問題，但不常用的東西佔據常用東西的位置，那就比較大問題。想想自己是不是一回家便把買了的東西「先放在地上，打算明天空閒時才收拾」？通常結果是明天有明天要做的事，地上的東西依然每天看見，除非是要使用了，那麼便會去翻找，不然就依然原封不動的在地上或某處。例如在超市買回來的日用品或包裝食品等，沒有即時處理的急切性，又覺得不太阻礙地方，故此拖了又拖，而最後在迫不得已去整理時，往往是因為「受不了」的緣故，不是同住的家人受不了而提出，那就是自己受不了。兩個狀況都會令人生出負面的情緒，覺得自己不夠好，怎麼一點小事都會拖延。這也會對家人產生負面的情緒，覺得對方怎麼看見也不主動去收拾，反而來說自己的不是。

很多人隨手用完沒把東西「歸位」的後果，就是不常用的東西充斥四周。又由於不在固定的位置，故找起來所花的時間更多。我們發現若東西不在該在的地方，人們會隱隱然產生不適的情緒。這些情緒一般人覺得能夠忍受，也不算影響生活，但對於強迫症患者來說則會特別明顯，故此他們要找東西「歸位」、「擺正」、「排序」，才會覺得安心。

由於隨手擺放東西，故此家中往往有很多不需要的東西。當我們常常看見一些不是經常需要用到的東西，放在不該放的地方時，往往心裡面會出現一種感覺，就是「有空便去處理」。而這種感覺會造成心裡的「未竟之事」。當未完成的事項越來越多時，人的情緒會越來越欠佳，內心的負擔會越來越重，加上有意無意的逃避傾向，可想而知會像滾雪球一樣，越滾越大。

混沌

很多人以為分類存放是一件很平常或基本的事，其實不然。我有位個案案主，當他在房裡打開衣櫃時，除了衣物，還會找到書籍、文具、修理工具、旅行箱及護膚品等等；打開書桌的櫃桶，會找到文具、工具、紀念品、訂情信物、杯子、衛生棉、即沖飲品、護膚品及化妝品等等；打開廚房的櫃子，會找到洗髮水、潤膚乳液、廁紙、面紙、衛生棉及修理工具等等。

物品沒有明確的分類，空間沒有明確的界線。

就像吃喝拉睡都在同一個空間內，人當然會極不舒適，混沌不堪。這位個案案主看上去精神總是萎靡不振，身體健康亦欠佳。我想就算是沒病沒痛很健康的人，住進一間甚麼都找不到、不知道東西放哪裡，每個櫃桶和櫃子都散發出一種混沌感的房子，不會變成精神欠佳才怪。在這種環境中住久了，人會變得精神難以集中，以及身體也會不適起來。

人的意識天生喜歡簡單的東西。例如打開一個衣櫃，若裡面的衣物排列整齊而分了顏色、種類、高低，感覺會很舒服。夏天的時候，會喜歡看見衣櫃內放的是夏天的衣物；冬天的時候，會喜歡看見整個衣櫃都是冬天的衣物。因為若然有不適用的東西在櫃子中，人自然會有種「不舒服」的感覺。

這也是日本整理術風靡全球的原因。因為日本的簡約文化，以及那種「整理魂」所整理出來的感覺，一打開櫃子那種「一目了然」，會令人產生特別的舒適感，令人覺得很療癒。

當中很主要的原因，乃因為整理術的分類及收納方式，大大減輕了視覺及感官系統的負擔。例如直立式衣物收納方式，令每一件衣服都可以被看見，那麼就不必動用到記憶系統去喚起這櫃桶內藏有些甚麼東西，也不會因為找不到想要的衣物而產生負面情緒。

擁有者

人們對於擁有的東西會有一種特別的喜歡，也會覺得自己擁有的東西較有價值。當有不屬於自己的東西在家中時，總會有種不屬於自己的感受。

東西是借來的

借來的東西由於內心覺得不屬於自己，可能由於種種原因沒有歸還，因此變成一種「雞肋」，喜歡但不夠喜歡，交還又已過了很久，想歸還但覺得麻煩，丟掉了又有罪惡感等等。

總之藏著借來的東西的人，總是有種人生無法全權由自己控制的感覺。

東西是偷來的

東西是偷來的話，雖然沒有付出，但仍然有種「擁有」的感覺。有些人偷東西並不是因為買不起，而是因為偷的時候那種刺激感，即使偷了東西回來，也並不完全覺得是屬於自己的，有些更會覺得有種不安，隱隱然會有種擔憂害怕被發現，這跟真金白銀買回來那種「完全屬於自己」的安全感截然不同。

東西是隨手拈來的

例如店舖內贈送的糖果、咖啡店的紙巾、速食店的茄汁包或糖包，不是名正言順的「贈品」，但卻暗示或明示是能取的東西。拿一兩顆糖果固然無礙，然而取的分量比需要的多的話，那就是貪。若家中有許多這些多餘的、非正式贈送卻又免費的東西，這人心中多有一種嚴重的缺失及空虛感。貪這些無傷大雅的小便宜的人，為數不多，但卻總是無法好好地把內心填滿。

東西都是別人送的

別人送的東西可能是因為你而送的，又或是贈品。若家中有很多東西都是別人送的，這人對於內在自我感受，可能有一種扭曲。當一個人對價值的感覺都是由別人付出而得到時，內在的自我價值感其實很低。

我曾聽過一位年輕的喇嘛朋友說，他甚麼都沒有。廟裡所有的東西都是善信捐贈的，他出外幫助村民祈福收到的錢，也會用來捐給廟裡或買東西給小喇嘛。他們自己也有想要的東西，但卻覺得自己不能也不該擁有任何的東西。我有時候覺得這種生活很苦啊，內心也很苦啊。

但其實他們也有很珍惜的東西，他跟我說，他自己也會買一些漂亮的衣服，也會想要一雙用來踢足球的波鞋，也有很愛的人送給他的東西，以及他送給很愛的人的東西。

另外一位朋友，總是收到很多別人送的禮物。這跟喇嘛收到的捐贈不同，她收到的是別人的討好和付出，而她總是毫不猶豫也沒有感覺的收取，除了是名貴的東西，其他的，她不是轉贈就是丟棄。她刻意讓別人對她好，但那些即興所至的靠近，往往都是寂寞使然。人生有時是很公平的，假如她找到一個她真的能夠全心全意去愛的人，那麼就不會像一個黑洞般去吸納別人的好意。她很有魅力，但性格卻充滿了缺憾。那種對愛的不屑，恍如她對自己人生的過度執迷。

每個人都有自己內心覺得珍貴與重要的東西，這些是情感的交流，而不是交換。這些是愛的證明，而不是一種試驗。人活得有意義，不在乎收到多少的禮物，而是那份別人對自己的真心真意。

禮物

禮物代表心意，但贈送的對象，卻代表著不同的內在世界。

活著的人

我有一位個案案主，家中儲存了幾千件護膚品的樣辦，雖不知道她是如何取得的，但由於有些已存放了許多年，肯定已過期了，故此建議她丟棄。但她卻覺得十分困難，究其原因，她表示那些是送人的「禮物」，希望別人收到時，會對她好一點。

若禮物是送給活著的人，那都是對於自己的活著有某種特別的意義。人不會平白無端的對人好，即使表面上毫無關聯，但也都有各自的原因。

我有一位個案案主常常去做義工，會買些食物或日用品去拜訪獨居老人。她多年來不曾有過一段戀愛，因此心底深處隱隱然覺得，自己也許將來也會是一位獨居老人。這種付出，彷彿是對將來的一種恐懼與救援，因為恐懼自己將來也會如此寂寞，渴望「好心有好報」，現在做義工幫忙，將來也會有人願意幫助自己。

過去的人

人生總是充滿著遺憾。你家中存放舊物的箱子中，有沒有一些沒寄出的信？我年輕的年代，還是用手寫信及寫心意卡的。那些人，在你心中是感到可惜，還是輕輕的歎息？

那些給予過去的人的禮物或信件，往往都是為了紀念自己的感情而留著的。當時的那位自己，曾經的青春與固執，也許也曾經的羞澀與內向，也許你更懷念的，並不是那一個人，而是那顆年輕而勇敢的心而已。縱然東西因種種原因沒有送出去，但那一個自己，回首時會讓你微微淺笑。

逝世的人

有些遺憾，難免帶著痛。對於那些已離開這個世界的人，或許心裡對他／她有一些未完的心願、未能完全表達的情感，便會化成物品，滯留在家中。往往更因為無法或未能完全接受對方已離世，心中對某人的情感，未能釋放，難以釋懷，才會出現這種「滯留」。若已接受對方已離開這個世界，很多人的情感反而有了一個能釋放的出口——因為對過世的人說心底話，比起對活著的人容易得多。

不存在於現實世界中的人

身心靈界很多指導靈、天使、神、外星人等等，祂們會在人們迷惘的時候給予指引。雖然我不知道這有多真實，然而就像多重人格及童年虛構的玩伴，內心總有一種說不出口的寂寞。

因此人們會內化成一個不存在於現實世界中的對象，現實太殘酷了，但在心靈的世界，不少人會以這種特殊的、愛自己的方式，才能夠好好地活下來。

因為這些角色，往往是精神及心靈的支柱更大於虛擬的失常，的而且確，這種所謂的「不正常」，其實是為了一個人能運作得很正常。

給自己的禮物

過去的自己

人生有很多不同的階段，過去的自己有時很陌生。很多時，別人會懷念過去的你更多於你自己，然而也有些時候，隨著成長、隨著歲月的變遷，你開始懷念過去那個較為美好與單純的自己。

但更多的時候，也許你懊悔自己的不成熟，在那一段應該好好珍惜的短暫歲月中，讓最愛的東西流走；也許你怪責自己，不該做了那樣的蠢事；也許你令自己受傷，因為曾捉緊那脆弱的花火；也許你太冷漠，令愛你的人失望與落寞；也許你無法好好處理自己，令自己的人生陷入苦況。

對於過去的自己，我建議大家寫一封信，買一份小禮物，送給過去的自己。

「你已經做得很好了。」

「縱然過去的日子並不那麼美好，但恭喜你，已跨過了呢。」

「這份小禮物，是給你的認同。」

世上沒有人是完美的，用一份小禮物，去鼓勵那位不完美的自己。

現在的自己

現在的自己很多時在面臨挑戰，情緒的關口，業力的糾纏，面對著現在的自己，其實並不輕鬆。多疼愛自己多一點，多關心自己的狀態多一點，不一定是物質，有時給自己放一個假期，好好休息與復原，也是一件美事。

將來的自己

能送甚麼禮物給將來的自己？不會收到的啊！我們對於將來的自己，彷彿有一種不確定感。然而，其實還是可以的。有以下兩個方法：

方法一：以二十年後的自己寫一封信給現在的自己。

回想二十年前發生過的事，是不是都已經很遙遠、很模糊了？那時候哭到天崩地裂的痛、內心一塌糊塗的迷惘、無法釋懷的執著、看似難以渡過的難關，都那麼那麼的淡，甚至乎不再有任何的想法和感覺了。因為你已經成長了很多。

同樣，若以二十年後的自己去看現在的自己，觀點和角度都會很不一樣。今天覺得很難過的事，當換一個角度，就令人覺得原來也不是那麼的難過。

方法二：許願

其實許願，就是給自己將來的禮物。讓心願傳達到天上，誠心祈求將來的自己更美好。寫下願望，為將來的自己送上祝福。

189-188

第五章

恰當的位置

記得某次在Netflix上看到世界級女團Blackpink的專訪，她們表示在訓練期間，公司會不斷把她們和不同的練習生組合，不知怎的當她們四個在一起時，就很自然地知道自己的位置、角色和要做甚麼。而這也成就了Blackpink的神話。

在一間優秀的企業中，知人善任是極重要的事，因為一條魚不會爬樹，一隻鳥也不會游泳，想要懂得爬樹和游泳的，應該去找青蛙而不是獵鷹。

在家庭系統排列中，位置及角色是很重要的。父母永遠是父母，子女永遠是子女，當父母不想當父母，子女不想當子女時，就會出現能量上的阻礙，人生也因此而出現狀況。因為他們都不在「恰當的位置」上。

但凡有「功能」的東西，無論是人還是物，都一樣有其「角色」和「位置」。例如你不會在睡房上廁所，也不會用筷子來吃牛扒，雖然偶爾會有混合或創新的使用方法，但基本上每件物品都仍然有其角色和功用。

所謂的風水，就是空間、能量、人、事、物都在恰當的位置上，擔當著恰當的角色。

空間有空間的「角色」和「位置」，物品也有物品的「角色」和「位置」。

例如當睡房變成了雜物房，那麼這間屋主要的能量就凝聚了雜亂無章的感覺，在潛意識中會影響屋主的情緒及心靈能量。很多人喜歡把雪櫃放在客廳，這樣其實也將儲存食物的地方轉移到「招呼客人」的地方。往往變成雪櫃內的食物，大部分不是為了「這個家的需要」而存在，而是為了「享樂」、「招呼不是每天都會在的客人」、「在客廳中進行的行為如看電視、電影、打機、聽音樂」等的存在。故此這類雪櫃放置的大多是不太健康的食物，甚或不是食物。

當你把凳當作桌子用的時候，會否覺得是為了糊口而有點委屈？當你用筷子來吃牛扒時，會否覺得味道有點不同，甚至沒那麼好吃？

位置會讓人產生一種舒適感，那是經年累月培養出來的無意識習慣。

正如有些人在自修室溫習會特別集中，但我記得自己讀書的年代，反而跑到快餐店或茶餐廳，很多人在但又沒有人會理會你的那種環境，才能好好學習。

物品也一樣，其實每樣物品在每個人手上，會有不同的角色和位置。當位置及功能錯亂時，會令人出現很多的錯亂。記得在手提電話剛出現的那個年代，很多人仍然會配戴手錶，因為那時候的電話仍是電話，手錶的角色和功能依然清晰。到後來智能手機出現，改變了人們的生活習慣，連看時間也會依靠電話而不是手錶，很多人對時間的感覺出現了落差和紊亂，總會覺得時間快了，難以守時。因為他們看時間，便要看手機，往往又會看見有新訊息而回覆，又或習慣到社交媒體上瀏覽，這些不自覺的小行為，連貫地出現，也會令人對時間的感覺大為改變。

我還記得那段由手錶過渡到手機來習慣看時間的漫長日子，總是跟朋友抱怨「其實真的很不慣在手機上看時間」，然而又不知怎的無法自控地墮入這種不自在的循環。到某天，我發覺我的時間感開始失控時，卻已經難以從手機看時間的狀態下跳出來。到我去日本學習整理術時，我發覺一個很有趣的現象，就是每一位老師腕上都是有戴手錶的。

記得日本整理收納的老師說：「不只是物品，其實時間也是需要被整理的。」那一刻我由心讚歎「真酷啊！」回程時，於日本機場，我看到了一隻設計很獨特的手錶，便開開心心的把它買了回來。

從那天開始，我悄悄跟自己說，要好好整理自己的時間啊。

雖然工作還是又忙又累，但我發現，自從我的手腕上多了「時間」這東西之後，我對時間的感覺便不再那麼迷失了。

人生中最重要的場所：家

三毛曾說：「心若沒有棲息的地方，到哪裡都是在流浪。」

三毛在撒哈拉沙漠居住多年，因為遇上丈夫荷西，所以才落地生根。

然而，荷西過世之後，她還是回到了故鄉台灣，回到她家人的身邊。

因為有家的地方，我們才會覺得安全。

心之安穩，心之所安，通通都是家之所在。有家的感覺，人就自然能放鬆下來，因為心不必再漂泊。

每一個人出生，都必定有父有母，而這就是家組成的基本元素。因此所有人都來自於家，因此潛意識對家的渴望強烈得近乎無法扭轉。故此，我們需要尊重人性，讓自己明白，心之所以能夠感到安全，因為有家這個地方。

有沒有留意，幾乎千篇一律的電影劇情，同樣也是人生如此，當一個人渴望自由離家出走之後，飽歷風霜、歷盡滄桑多年，總是某天會回到家中。就像是候鳥南飛，但那呼喚卻在心底深處，故此季節一轉，便會順應著這種內在的呼喚，回家了。

一個人受傷時，總是想離開；一個人累了，總是想回家。

家的位置

每個人人生之中最重要的位置，就是家的位置。以及，在家中，有沒有一個位置。

家的位置，象徵著這個人感到安全的棲息之地。當人們感到疲累時，一個能夠安心回去、不被打擾、能好好休息與復原的地方，就是家。

有些人的家很嘈吵，每天都吵架，甚至連睡也睡不安穩，而隔壁也住著吵鬧的鄰居，街上是吵鬧的、家也是吵鬧的。假如一個人回到家都不得安寧或提心吊膽，那都不是一個安穩的家。

家裡的狗窩總比空無一物的酒店房間要好，因為家中有屬於自己的東西，也不用怕弄壞了別人的東西要賠償。家中的空間也是屬於自己的，即使赤身露體也覺得安全。在別人的家、別人的地方，洗澡或上廁所總是特別快，因為覺得這裡不屬於自己的，故此要把日常的生活習慣都收起來。

家是舒適的，因為那裡有著我們的能量，每一件物品的擺放，縱然未必在最好的位置，但由於是經自己的手放置的，故此接受度也會高很多。

一個人在家中的位置

有沒有發覺，一個人在家裡如果握有較大的權力或較被尊重，對外總是特別有自信。一個人從小在家中若得不到尊重，也無法表達自己的意願，長大後遇上難關就顯得容易退縮，面對爭執或沉默不語或過度憤怒，那是由於從小沒有學懂如何掌控自己的情緒。若小時候沒為自己的成就感到滿足，那在長大後即使已有一定的成就，但仍然會覺得自己充滿缺憾，亦無法擁有足夠的自信。因為他們童年在家中，往往都不快樂。

一個健康的家庭，絕大部分都是「各安其位、各司其職」，做父親有父親的角色，母親有母親的角色，子女有子女的角色。那些叫人感到辛苦的人生，往往是子女變成父母，父兼母職或母兼父職。因為角色的錯亂，故此令到人們覺得「我做著不是自己身份該做的事」而感到吃力。又正如性取向，同性戀者總是有一種「我天生就是喜歡同性」的無奈，很少同性戀者一開始會為自己的性取向而感到舒適，往往都覺得是上帝開的玩笑，靈魂走進了不恰當的軀體。

而物品也有其所屬的位置及角色。杯子是杯子，碟子是碟子。位置和角色代表了一樣物品的存在意義。正如父兼母職，當這是需要時固然無可厚非，但當這只是隨意時，則是一種無視與蔑視。

無論家居多麼的狹小，也應該為每一個人劃分出「專屬的空間」。

這個空間只有一個人使用，任何人進入這個空間，都必須得到擁有者的同意，其他人，即使是父母或長輩，也不能隨意拿取、使用或丟棄這個空間內的東西。

這是界線的養成。有些人為何隨便拿取別人的東西，順手牽羊，又或侵犯別人私隱，漠視法律的規範，就是因為欠缺界線的觀念。也許從小別人也是隨便打開他的信件、拿走他的物品，因為他覺得對別人做相同的事天經地義，也沒內疚感。他覺得任何東西都是共享的，嚴重的甚至乎連別人的伴侶也都覺得可以享有。

一個專屬的空間，對心靈來說也是極為重要的。當一個人內心感到煩躁並紊亂時，在一個屬於自己的空間，才可以自由地「做自己」。

安心地去休息、滋養，讓想像飛翔，讓自己的心和人生得到尊重和喘息。

讓自己，好好照顧自己、愛自己。

有些父母從小便不讓孩子擁有私隱，他們長大之後，往往對於人際關係、整理收納、情感的抉擇等等，都可能會出現問題。人際關係上因不知界線，便不懂人和人之間需要保持恰當的距離，心裡會因對方拒絕自己而受傷；情感的抉擇上，因為失去了界線，便可能較易出軌、一腳踏多船、無法堅守承諾等。

定位的需要

《真正的整理，不是丟東西》作者廖文君指：「人類的天性追求整齊，是來自定位的需要；當每件事情被妥當地定位時，會讓人感到安心與明白……定位代表有適合的位置，並有一定的規矩與範圍。」

作者列舉了幾種人類的行為模式，均與定位有關。例如人們獵食時，需要知道動物的位置；即使耕作收成也是一樣，工具需要有固定的位置，人們才能使用；人與人之間的關係有適當的定位，才能保持關係的和諧，以及有效地溝通；聲音及語言也是一種定位，因為語言的發音有固定的模式等。

當一樣東西是定下來或靜止不動時，就會看得見動的東西。人的行為、思想、感情是動的東西，例如我們常說「心動」，因為之前沒有感覺，才出現心動的感覺，才明白情感的化學作用，人生才會有變化，而不是一潭死水。

生活沒有意義的人，往往是因為找不到改變人生的那個「動」，人類天生有動的需要，即使多麼懶惰的人，肚子痛了要上廁所，都要爬起來。除非變成了植物人，否則吃喝拉，都是要動的。

在量子力學實驗中，有一個由托馬斯．楊提出的實驗，也是後來產生出多重變化而將物理學和意識、心靈力量連結起來的實驗，就是「雙狹縫實驗」。簡單來說，實驗者將光子射到牆板上，中間有一塊有兩條直縫的板子擋著。若光是粒子時，會直接穿過雙縫，而後方的黑板會出現兩條直紋；若光是波，則會因為波的漣漪（大家想像海水的波浪衝到海灘上，因為一個個漣漪交錯推進而令沙灘上出現波紋），穿過雙縫後，就會在板上出現多條直紋，像斑馬線一樣。

最令人驚訝的，是若果有人或器材去觀察光子時，射到板上的光子則會呈雙線狀態，若沒有人或器材去觀察光子的飛動時，射到板上的光子則呈多條直紋，亦即是「波」的狀態。

心理學家總是說「意識創造實相」，即我們想的是甚麼，會影響結果。這也是「業」中的因果。

我總是想到那些家中置物混亂、活在混沌之中的人們。他們不知道自己想要甚麼，只是甚麼都想要；不知道將來會怎樣，只是活在「無明」之中。佛家的「無明」，就像那「沒人看見的光子」，處於一種沒有方向、沒有結果、沒有人看見及關心的狀態。當然，也可以說是一種具有無限可能的狀態。

在量子物理學中，我們理解到「看到才成形」、「看見才擁有確定的將來」。混亂是不成形的，是一種「混沌」。人要看得見自己，不只是自己的身體，而是自己的內心，知道自己想要甚麼，將來才能確定。當進入新階段的軌跡之中，便需要重新去整理，讓新的能量能夠進入，那麼新的力量才能找到屬於自己的位置。

因此，人類追求「定位」與「整齊」的天性，就不只是一種需要那麼簡單，這甚至乎超越了「本能」，因為當中包含了宇宙的奧秘、意識和潛意識的力量，而人的生命和存在意義也在當中透著味兒。

讓我們再說多一些，帶著玄學、物理學、心理學、哲學、超心理學的東西——風水。

第六章

好風好水

好的風水，會讓人有一種順風順水的感覺，那麼無論做甚麼事，都特別順利、特別順心。小時候總聽見長輩常常說：「最好的風水就是人」。我認識一位年輕有為的朋友，會買下一些老房子，將那些又殘又破的老房子和大廈翻新，重新包裝成一些小公寓出租，在香港這個寸金尺土，但又渴望擁有優質生活的地方，這些簡約而帶著悠閒格調的套房，在裝修得像酒店及高級公寓的大廈中，成為了熱門的搶手貨。

那些人們覺得「風水不好」、殘舊破落的房子，就變成了令人欣羨的住宅。

在台灣我也認識一位辦民宿的朋友，他把一間老房子租下十五年，然後一手一腳重新裝修、建設、翻新，然後成為新聞爭相報導的民宿。老闆當年還是一個純樸老實的小伙子，但生活和生命，卻被他堅毅的個性打破了格局。

我還記得當年這家小民宿剛開業不久，我誤打誤撞去住了好幾天，為的只是能夠好好的睡覺。因為那幾天客人不多，老闆跟我說了很多不同的事情，包括民宿建立的回憶。從他翻新前的相片中看到，哇塞！以前的房子簡直像一間鬼屋。陰森森的，又破又爛。我覺得他決定租下來自己重新建設，真的很勇敢。現在，那個地方已經是一間人人路過都會瞄上一眼的房子了。

所以說，一個人就是最好的風水。因為懂風水的人都知道，地若沒有一個適合的人，風水也根本發揮不出來。

能夠改變命運的人，往往都勇於創新。最重要是，能夠「順」著自己生命的能量，去發揮所長。

「順」的關鍵

而整理收納，其實就是幫助一個人能夠「順」著自身的能量模式，讓四周的環境變成一個「順利」的氣場，當一個人在居住的地方感到「順心順意」時，人生就自然而然會變得順利很多。

因為，一切都是由潛意識主宰的嘛。

說到「順」，你會想像得出怎樣的一種生活方式嗎？

1－想拿的東西很輕易、快速、很順手地便能拿到

2－整齊、整潔

3－環境乾淨衛生及舒服

4－有安全感

5－令人感到療癒及幸福

6－空氣清新

很多人對整理收納的印象是第二及第三點，但這只是流於「家務助理」的服務範圍，其實整理術最精要的重點，是第一點：想拿的東西很輕易、快速、很順手地便能拿到。這也是最高難度的一點。因

為有了第一至四點，才會出現第五點，令人感到療癒及幸福。至於空氣清新，則除了衛生環境外，也和地理環境有關。

我會在下文教大家如何做到第一點，讓所有物品能幫助你的人生更順利。

動線的重要性

每一個人的身高不同、體型不同、健康狀況不同、年齡不同，行動的方式、拿取物品的方式均有所不同。這就遠遠不止於只談生活習慣，而是由一個人的整體，連同習慣及喜好去決定物品的位置。

最常用物品

簡單來說，最常用的物品，就要放在自己最就手的地方。例如杯子，人們總有一個屬於自己的、最常用的杯子，你不會把杯子放到櫃桶裡，口渴時才拿出來喝水的，而是會自動自覺地放在桌子上，輕易拿到的地方。

每天會使用的東西，一般都不會放在櫃桶或櫃子裡，該放在當眼處，伸手可及之處。這些物品往往只有一件，而非如杯盤碗筷這些可更替的東西（假如你獨居只有一隻杯一雙筷一隻碗，則可以視為最常用物品）。

次要常用物品

較為次要常用的東西，反而是最難處理的。雖然未至於每天都會用幾次，但可能每周會用上至少一次，例如筆、文具、運動用品、購物環保袋等等，那麼就要放在容易拿到之餘，而拿取步驟不多於一個的地方。例如購物環保袋，便放在廚房放雜物的櫃桶內，位置是自己按身高伸手便能打開的櫃桶。很多人喜歡把膠袋、環保袋等放在膠箱內，相信大家都試過，幾乎除了搬家時會拿出來丟掉外，幾乎都沒有碰過。

至於文具的話，建議放在書桌下伸手最易觸及的一格櫃桶。每天使用但數量不止一件，可以更替使用的如杯盤碗筷、內衣褲等，均視為次要常用物品。

間歇性使用物品

這類物品一般每月才使用一兩次，或一季才使用一兩次。例如特別的廚具、特別的文件、換季衣物、節日用品（如農曆新年的全盒及聖誕裝飾）、電器等等，會放在較次等的地方，而且不會外露。

不常用物品

這類物品都是一些紀念性的、具回憶和有感情而又捨不得丟棄的物品。例如訂情信物、舊照片、結婚時穿戴過的東西、祖輩傳下來的物品等等。這些可存放在箱子內，放在比較不容易拿取的角落。

移動的動線

香港居所普遍狹小，往往令人覺得甚麼東西都放進一兩個空間便算，懶得整理。但其實即使是比較寬敞的居所，也會忽略了人活動及行走的動線。例如很多人會在床上或躺椅上工作，因為手提電腦太方便，人們又想要悠閒地工作（又想悠閒，但又想工作專注，根本是很矛盾的），故此便在一個看似能夠放鬆的地方工作。之前也說過這是空間的錯亂，跟人們內心有著不可分割的關係。

任何的物品和動作，都記載著潛意識的記憶。床是休息的，若想睡得安穩深沉，讓床發揮它最大的功效吧。我們的每一個行為和動作，也同樣是由經年累月的生活習慣而產生的，在《原子習慣》一書中曾提及，微小習慣的改變，擁有改變人生的力量，因此若想擁有渴望的生活，家居的動線必須細心設置。

舉例來說，你渴望每天早上起床做瑜伽及冥想，讓身心更健康，那麼瑜伽服及瑜伽墊擺放的地方，必定是在你起床梳洗換衣的動線之內。每晚把第二天清早要穿的瑜伽服放在固定的位置，如你習慣起床便更衣，便放在床邊；如你習慣梳洗後才更衣，便放在浴室門口。瑜伽墊則放在早晨梳洗更衣後第一眼看見、且伸手可及的地方。

除非你已養成了天天做瑜伽的習慣，否則我不建議早上要打開衣櫃才能取得要更換的衣物。因為一般人早上起床都有一種慵懶感，想起床要做瑜伽已很費力了，當想到：「啊，要打開衣櫃取衣服」時，往往的念頭便是：「好累啊！不如多睡一會吧！」那麼這想做的事情便被打破了，第二天要再起來便很難。但若睡前已把衣服拿出來放好（因為人們總是對準備做一件事都比較有衝勁，到要真的去做時便覺得很費力），便省卻了要去想著打開衣櫃、拿出衣服、換衣服、做瑜伽這些一連串的步驟。只需告訴自己：「一起床，換衣。」就夠。新習慣的成功率，便會不可思議地大大提高。

有一段時間，我居住的地方比較寬敞，睡床旁有一個凹進去的位置，於是我便在這地方鋪了一張瑜伽墊，每天早上一張開眼睛，我便「滾下床」禪修、冥想、打坐去。直到後來搬家了，但禪修的習慣已養成，也不必再在床邊放瑜伽墊了。

物品的流動，心的流動，生命的流動。

生命是一條川流不息的河，隨著水流而緩緩流入大海。時間，是這一條河流流動的證明。沒有時間，一切都是靜止的。因此過去的已成過去，將來的只有方向和風向，而現在才是最真實的。在人生不同的階段，會有不同的人在我們身邊陪伴著前行，即使是家人，小時候我們依靠父母和長輩；但漸漸長大後，朋友變得越來越重要；到步入社會，同事和戀人就是每天的習慣；步入中年，有些人組織了家庭，有些人持續單身，朋友則越來越少；到了老年，若不是自己一個孤獨終老，就是會有不少老友記，而兒孫則回來探望，彷彿又回到了熱鬧的日子。有些人寂靜，有些人熱鬧，這就是老年人的分別，但仍然獨自面對死亡的來臨。

不同的人生階段，會有不同的物品陪伴我們。因此，有些物品終將逝去，正如有些人，必定分離；還有些人，定必重遇。

整理，是整理自己的內在世界。

有人認為整理物品可以改變人生，但除非你改變自己的內在，否則人生不會有很大的改變。

風水物品和格局，即使有助改變氣場和潛意識的觀感，能改變外在環境的影響，甚至能令潛意識也會出現微妙的變化，但卻無法改變「業」。例如一個人本性猥瑣小器，對別人十分吝嗇，即使外在的風水格局和擺放的物品改變了環境，也改變不了他身上散發出來的氣場。一個人若有心傷害別人，這種業會在其生命中種下了根，終究還是要償還的。唯一能夠改變將來命運的方法，就是改變自己的內心、療癒創傷和轉化。

例如有些人被傷害過後變得很敏感，別人說的一句話、一個無心的反應，甚至乎是討好但卻不合心意的行為，都會成為了一條條火藥引，令一個人情緒低落或爆發。

人們都害怕受傷，無論是有意的傷害或無心的傷害，都令人只想和對方保持距離。在此等狀況下，當那個人遇上問題時，想有人願意伸手幫忙，相信是不容易的。然後，那個人便會覺得人性都是自私的，沒有人真正關心自己、沒有人真的愛自己，因此「我的自私」是應該的，傷害別人也沒有特別大的感覺，反正別人都是這樣傷害我的。殊不知只是由於自身對生命的視野的局限和狹窄，而限制了自己的人生。

人能改變業的方式，只有透過心念的注意力。在上述談及的雙狹縫實驗中，研究者發現若果不用眼睛或機器觀察光子，而改用一班有資深冥想打坐經驗的人，用「心眼」去看光子的運行軌跡，會令到光子射到板上的「波」變淺，而「粒子」的痕跡會變得較為清晰。

當我們能善用心念，就能改變內在發射出來的頻率，令到將來的影像更為清晰，也就是說，能夠得到想要的東西的可能性亦更大。

因為從虛無中變成實物，靠的是「觀察」，即注意力，當一個人能將注意力轉移，就能增強某些業和果報，淡化其他業和果報，也就是善有善報，惡有惡報，也是透過改變自身的振動頻率，改變吸引到的東西。

心理治療是一個很奇妙的職業，人們會告訴你生命之中百分之九十九的真實事件和想法，渴望擁有更美好的將來。然而我總是不時會看見，那些在自身的命運之中匍匐前行的身影，被業如何拖拉著腳步而無法自由自在地奔跑。即使那些仿似自由地向前跑著的人，也不過是業風的帶動，像一艘海上順風而行的船而已。

當我們能看見業的風，才是真正能掌握自身命運的開始。

整理床鋪能改變世界

「改變一切的不是重大行動，而是你每天生活中做的、最微小的事

情。」詹姆斯．克利爾（James Clear）《原子習慣》

所謂見微知著，每個人的起心動念，就像「蝴蝶理論」中蝴蝶那輕輕拍翼的姿態和角度，隨時可以引起一股驚人的龍捲風。日常的行為與習慣，就是日後成功與失敗的那雙翼。

不同的行為模式，導致不同的人生及結果。尼克．科馬哈翁（Nick Keomahavong），一位曾是心理治療師的泰國僧人曾經說過一個整理床鋪的故事。有三個人，他們早上整理床鋪的方式不一樣：

第一人：他晚上上床睡覺，第二天一早鬧鐘響了，他按熄後再睡，響了幾次才醒來，還是覺得有點昏沉及慵懶，隨手拿起手機滑了一下，賴一賴床，然後感到再不起來便可能遲到了，於是起身去洗手間，施施然地梳洗，回到房間，整理一下床鋪，出門上班去。

第二人：他晚上上床睡覺，第二天鬧鐘響起時，便立刻坐起身來。他先整理房間和床鋪，然後上洗手間梳洗，便出門上班去。

第三人：他晚上上床睡覺，第二天鬧鐘響起來時，他慢慢地起床，然後上洗手間刷牙梳洗，他並沒有回到房間去整理床鋪，便出門上班去。

三種人有三種不同的生活習慣，也因此導致三種不同的人生。每一種的行為，都會導致不同的結果，雖然沒有甚麼好與壞，但就一定會產生不同的後果。

第一種人，可能渴望過一種悠然的人生，故此每一件事都是施施然的，覺得多待一下就好，這種人在滋養著的，就是拖延的習慣。第二種人遇上問題時，會盡快及即時解決，因此也顯得特別有自信。第三種人則覺得反正晚上還會回來睡在床上，因此不整理也沒有關係。

這些微小的行為，由起床那一刻開始，心念便不停地重複，無論是功課、工作、待人接物，還是對待人生的態度。第一種人可能會自我感覺良好地表示自己是一個隨性的人，喜歡做自己，凡事不用急，慢慢來，但這樣反而容易不斷被其他事情打擾。在應該專注的時候，去了上網；應該關心伴侶的時候，和朋友去踢波。雖然在工作上總是趕得及在死線前交出來，但對於關係的危機感卻不自覺。但凡關係的破裂，也是由不好的經驗累積回來的，一個人離開往往不是叫你趕死線那種姿態，而是沉默地轉身，不再回頭。

第二種人的思路往往很清晰，每次快速地解決一件事，而且由一個場所轉到另一個場所，先是整理好睡房，再去洗手間梳洗。他們每天都在訓練自己的大腦要專心專注去完成一件事，遇上問題時會逐一擊破，人生變得簡單而有效率，頭腦也清晰明快。

軍人的起床方式就是這一種，曾有一位韓國男孩告訴我，他當兵時是規定要十秒內起床整理好床鋪的。面對戰爭時，所有決定和行動爭分奪秒，稍一猶疑便會戰死沙場或受重傷，因此軍人的訓練，所有行動都要求乾淨俐落。

至於第三種人，覺得不整理也沒關係，反正會回來的，床不過用來睡罷了。對自己沒有要求，對人生沒有要求，日子過得可能隨意和隨便，表面上率性而為，但往往並不真的知道自己想要甚麼。營營役役，對很多事情都不在乎，也許連所愛的人要離開也彷彿顯得毫不在乎。沒有感覺、麻木地過日子。

上面三種人，你是哪一種呢？又想成為哪一種呢？

參考資料

王蘊潔（譯）（2014），《自在力：斷捨離人生改造篇》（原作者：山下英子），台北：平安文化。

羊恩媺（譯）（2011），《斷捨離》（原作者：山下英子），台北：平安文化。

洪蘭（譯）（2012），《快思慢想》（原作者：Daniel Kahneman），台北：天下文化。

陳光棻（譯）（2011），《怦然心動的人生整理魔法》（原作者：近藤麻理惠），台北：方智。

蔡世偉（譯）（2019），《原子習慣：細微改變帶來巨大成就的實證法則》（原作者：James Clear），台北：方智。

廖文君（2019），《真正的整理，不是丟東西》，台北：方智。

盧鴻金（譯）（2021），《樹木教我的人生課》（原作者：禹鍾榮），台北：橡樹林文化。

謝樹寬（譯）（2020），《匱乏經濟學》（原作者：Sendhil Mullainathan & Eldar Shafir），台北：遠流。

Frost, R. O. & Steketee, G. (2010). *Stuff: Compulsive Hoarding and the Meaning of Things*. Houghton Mifflin Harcourt.

Lang M, Krátký J, Shaver JH, Jerotijević D, Xygalatas D. "Effects of Anxiety on Spontaneous Ritualized Behavior". *Current Biology*, 2015 Jul 20; 25(14): 1892-7. doi:10.1016/j.cub.2015.05.049. PMID: 26096971.

McMains S, Kastner S. "Interactions of Top-Down and Bottom-Up Mechanisms in Human Visual Cortex". *The Journal of Neuroscience*, 2011 Jan 12; 31(2): 587-97. doi:10.1523/JNEUROSCI.3766-10.2011. PMID: 21228167.

Saxbe DE, Repetti R. "No Place Like Home: Home Tours Correlate With Daily Patterns of Mood and Cortisol". *Personality And Social Psychology Bulletin*, 2010 Jan; 36(1): 71-81. doi:10.1177/0146167209352864. PMID: 19934011.

Wilson, S. A., Becker, L. A., & Tinker, R. H. (1995). "Eye Movement Desensitization and Reprocessing (EMDR) Treatment for Psychologically Traumatized Individuals". *Journal of Consulting and Clinical Psychology*, 63(6), 928–937. https://doi.org/10.1037/0022-006X.63.6.928

Wilson, S. A., Becker, L. A., & Tinker, R. H. (1997). "Fifteen-Month Follow-Up of Eye Movement Desensitization and Reprocessing (EMDR) Treatment for Posttraumatic Stress Disorder and Psychological Trauma". *Journal of Consulting and Clinical Psychology*, 65(6), 1047–1056. https://doi.org/10.1037/0022-006X.65.6.1047

責任編輯　李宇汶
書籍設計　Kaceyellow

書名　物品的語言——心理治療師的手記
著者　安靜

出版
P. PLUS LIMITED
香港北角英皇道四九九號北角工業大廈二十樓
20/F., North Point Industrial Building,
499 King's Road, North Point, Hong Kong

香港發行
香港聯合書刊物流有限公司
香港新界荃灣德士古道二二〇至二四八號十六樓

印刷

美雅印刷製本有限公司

香港九龍觀塘榮業街六號四樓A室

版次

二〇二二年七月香港第一版第一次印刷

規格

三十二開（125mm x 180 mm）二四〇面

國際書號

ISBN 978-962-04-5019-8

Published & Printed in Hong Kong